Schiffsjunge

auf einem
Getreidesegler

Wilhelm Leffler

Schiffsjunge

auf einem
Getreidesegler

Lentz

© Georg Lentz Verlag GmbH, München
Alle Rechte, auch der photomechanischen Vervielfältigung
und des auszugsweisen Abdrucks, vorbehalten.
Umschlaggestaltung: Dieter Zembsch' Werkstatt, München
Satz: Filmsatz Schröter GmbH, München
Gesetzt aus: 10.5/12 Punkt Baskerville auf Linotron 202
Printed in Germany 1986
ISBN: 3-88010-140-x

Inhalt

Mit der Bahn nach Dublin

Die Weite der See hatte es mir angetan. Alles was mit Schiffen und dem Meer zusammenhing, begeisterte mich, und so hatte ich nie den geringsten Zweifel, was ich einmal werden wollte. Zur See fahren wollte ich und später einmal Kapitän auf einem großen Dampfer werden.

Als Vorbereitung für diese Laufbahn bot sich eine Ausbildungsstelle bei der Deutschen Seemannsschule in Finkenwerder an, bei der ich gleich nach der Schulentlassung anfing und so zum ersten Mal in meinem Leben ein Bordspind und den Vorzug einer Hängematte kennenlernte. Die Schule bot mit einem Schulschiffsbetrieb in straffer Führung ein umfangreiches seemännisches Programm, so daß die wenigen Lehrgangsmonate wie im Fluge vorbeigingen. Eines Tages wurde am schwarzen Brett eine Schiffsjungenstelle auf einer Viermastbark ausgeschrieben, für die ich mich sofort bewarb.

Die große Fahrt, die Unendlichkeit der Ozeane und die geheimnisumwobenen tropischen Länder begeisterten mich mehr als der ebenfalls angebotene Dienst auf einem Segelschoner im Bereich der Nord- und Ostsee.

Als dann eines Tages der Lehrgang zu Ende ging, hatte ich ein gutes Zeugnis und einen Ausbildungsvertrag einer bekannten Segelschiffsreederei in der Tasche, mit denen ich stolz und glücklich nach Hause fuhr.

Meine Träume von der weiten See fingen an, Wirklichkeit zu werden.

Die Einschiffungsorder aus Bremen beendete das ungeduldige Warten, so daß ich endlich meinen Seesack packen und die

Reisevorbereitungen für die lange Bahnfahrt in Angriff nehmen konnte. Ausgerüstet mit einem Fahrscheinheft, einem
knapp bemessenen Taschengeld und vielen guten Wünschen
fuhr ich zunächst nach Bremen, dann über Hoek van Holland
und Harwich weiter nach London, und durch einen unvorher-
gesehenen Aufenthalt hatte ich Gelegenheit, die Stadt ein
wenig kennenzulernen. Am dritten Tag meiner Reise wartete
in Holyhead, dem bekannten Fährschiffhafen in der Nähe von
Liverpool, der Fährdampfer zum Übersetzen auf die gegen-
überliegende Seite der Irischen See.
Damit war ich von meinem Ziel, als Moses auf einem deutschen Segler anzumustern, nicht mehr weit entfernt.

Die Fähre ging auf der irischen Seite weit draußen in der
Flußmündung an die Pier und bis zu den Docks des Hafens
von Dublin mußte es nach meiner Schätzung noch ein weiter
Weg sein. Ich besaß noch ein wenig Geld und leistete mir
vorsichtshalber ein Taxi, das mich zusammen mit meinem
schweren Seesack sicher an die Gangway des Schiffes bringen
sollte. Die Reederei in Bremen hatte gut vorgesorgt und mir
den Liegeplatz des Seglers in einer kleinen Skizze eingezeich-
net, die ich jetzt dem Fahrer unter die Nase hielt. Dieser nickte
mit dem Kopf und brauste mit mir in Richtung Dublin davon.
Leider hielt er dann am Eingang der Hafen-Anlagen und gab
mir zu verstehen, nicht weiter fahren zu können. Mein Protest
nützte nichts, ich mußte raus aus dem Auto, und wenn ich
sein Palaver mit meinem nicht sehr guten Schulenglisch richtig
verstand, hatte er entweder keine gültige Lizenz für das Dock-
gebiet, oder mein Geld war an diesem Punkt gerade aufgebraucht.
Gott sei Dank hatte ich noch die Skizze, mit der ich hoffen
konnte, die »MAGDALENE« trotzdem zu finden. Also nahm ich
meinen Sack auf die Schulter und marschierte, wenn auch

nicht ganz frei von Beklemmungen, einfach drauflos. Irgendwann mußten die hohen Masten der Bark doch einmal hinter einem der Schuppendächer oder einer Lagerhalle zum Vorschein kommen. Und doch war es nicht so einfach, sich zurechtzufinden, denn trotz der Zeichnung muß ich immer wieder einmal vom Weg abgekommen sein. Auch wurde ich mit der Zeit müde, der Sack war schwer. Er drückte schließlich in jeder Lage, und immer längere Pausen wurden notwendig. Doch dann sah ich die Masten plötzlich aufragen. Eine Schuppenecke noch, und ich hatte den Großsegler mit seinem eleganten Rumpf und seiner imposanten Takelage vor mir. Ich war fasziniert von der Größe und der edlen Schönheit dieses Schiffes, das da stolz vor mir lag. Die schmutzige und rostige Außenbordfassade störte mich in diesem Augenblick gar nicht, wußte ich doch, daß nur eine lange Seereise dafür die Ursache sein konnte. Die Werftarbeiten schienen auch noch nicht beendet zu sein. Überall konnte ich Mennigeflecken ausmachen, sah, daß beide Anker einschließlich der langen Ketten auf den Dockboden gelegt waren und einige Werftstellagen im Bereich des Vorschiffs hingen.

Eingedockt in einem Trockendock, war der Segler an den Rumpfseiten zusätzlich mit runden Holzbalken abgestützt. Das sah so komisch und so wenig stabil aus, daß ich Angst hatte, die Bark könnte bei der nächsten Böe einfach umkippen. Diese Art, ein Schiff trockenzulegen, kannte ich nicht, und so stellte ich meinen Seesack an einen der Werftkräne, um mir diese Sicherheitshölzer näher anzusehen.

Daß ich auf Anhieb das richtige Schiff gefunden hatte, erkannte ich am Namen, der klar und deutlich an Bug und Heck zu lesen war:

»MAGDALENE VINNEN« mit Heimathafen »Bremen«.

Grau der Außenbordanstrich, wie bei allen Bremer Segelschiffen, und von schwarzer Farbe die kräftigen, gradlinigen Buchstaben, anstatt einer Galionsfigur glänzte eine Verzierung in leuchtenden, goldumrandeten Farben am Bug des Schiffes.

Am meisten imponierten mir aber die vier Masten, die von einer Höhe waren, daß es mir fast den Atem verschlug – besonders wenn ich daran dachte, dort einmal hinauf und die fast 50 Meter überwinden zu müssen. Auch die exakt ausgerichteten Rahen mit den vielen Stagen und Pardunen und das scheinbare Wirrwarr des Tauwerks beeindruckten mich mächtig.

Natürlich stellte ich Vergleiche zum Vollschiff »GROSSHERZOGIN ELISABETH« an, das in Finkenwerder bei der Seemannsschule an den Duckdalben lag, und in deren Takelage ich meine ersten Kletterversuche unternommen hatte. Die »MAGDALENE« hatte zwar nicht die bestechende Clipperform des Schulschiffes, sie war aber ein großes und starkes Frachtschiff, das mir Respekt einflößte.

Segelschiffsleute

Die Reling der »MAGDALENE« lag einige Meter höher als der Dockrand, und als Verbindung zwischen beiden hatte die Werft eine zu steil geführte Gangway montiert, die größere Belastungen nicht auszuhalten schien. Immer wenn einige Leute zusammen den Laufsteg rauf oder runter liefen, geriet der Steg in Schwingungen und rutschte dadurch auf der oberen Betonkante hin und her. Der an einer Seite angebrachte Tampen war nicht straff genug durchgezogen und als Handlauf oder zum plötzlichen Festhalten nicht zu gebrauchen. Eine unsichere Angelegenheit, aber die einzige Möglichkeit, an Bord zu kommen. Ich mußte also versuchen, heil hinüberzukommen.

Auf dem Vordeck war alles ruhig und auch auf den übrigen Decks konnte ich keinen Matrosen entdecken, der mir hätte helfen können. Als ich den Laufsteg endlich geschafft hatte und mit meinem prallen Sack von der Nagelbank auf das Deck hinuntersprang, bemerkte ich gerade noch einen in der Nähe stehenden Holzwaschtrog, der bis zum Rand mit alter abgestandener Seifenlauge gefüllt war. Im letzten Augenblick gelang mir eine leichte Körperdrehung, sonst wäre ich prompt hineingestolpert. Da bemerkte ich zu meiner Überraschung auf dem Vorschiff fünf junge Matrosen, die mich schadenfroh angrinsten. Sie mußten mich also bei meiner Kletterei beobachtet haben und hatten doch nichts unternommen, mir zu helfen. Ich mußte eine ziemlich lächerliche Figur abgegeben haben, aber trotzdem begrüßten mich meine neuen Partner ganz kameradschaftlich und ohne jeden Spott. Sie erklärten sich sofort bereit, mir die ersten notwendigen Wege zu zeigen, brachten mich zur Anmeldung und Musterung zum 1. Offizier und schleppten meine Ausrüstung in die Schiffsjungenkammer. Einige von ihnen stammten aus Norddeutschland, und die heimatlichen Laute ließen mich die Verlegenheit über meine eigene Ungeschicklichkeit schnell wieder vergessen.

Die Jungs, die mich an der Gangway in Empfang genommen hatten, fuhren bereits als Leichtmatrosen oder waren mit Beendigung der letzten Reise Jung-Matrosen geworden. Bei der zurückliegenden Reise waren sie dabei gewesen, wußten gut mit dem Schiff Bescheid und waren, meiner Meinung nach, prima Kerle. Ich war sicher, daß sie mir gegenüber nie überheblich die abgeklärten Seeleute herauskehren würden. Mit ihnen kam ich zurecht, das wußte ich.

Wie aber würden mich die übrigen Seeleute, vor allem die alten, erfahrenen Vollmatrosen aufnehmen? Stand bei diesen Jantjes ein Moses wirklich so niedrig im Kurs, wie auf der Schule in Finkenwerder immer erzählt wurde? Ich konnte meine Skepsis gegenüber diesem Teil der Besatzung durch nichts begründen, sah aber doch mit dem sicheren Instinkt des »Neuen« einige Probleme auf mich zukommen.

Kurz nachdem mir von meinen Freunden Koje und Spind zugewiesen waren – ich hatte mit dem Einräumen meiner Sachen noch nicht begonnen –, rief der Koch aus der Kombüse, es sei an der Zeit für »Backen und Banken«. Die Mittagszeit war da. Natürlich hatte ich nach der langen Bahnfahrt einen Mordshunger. Lange genug hatte ich mich von den Sandwiches, Obst oder Würstchen der Bahnhofskioske ernähren müssen.

Ich ging also in den Messeraum, der am Anfang des langen Ganges und gegenüber der Kombüse lag, und steuerte etwas schüchtern die letzte Back an, an der außer mir niemand saß.

Von Finkenwerder her kannte ich die Art des Essenfassens in größeren Gruppen, doch hier schien die Sache irgendwie anders zu laufen. So saß ich also da, wartete geduldig und wäre für jeden

Tip dankbar gewesen. Doch es geschah nichts. Man brachte mir nichts, und man informierte mich nicht. Ja, man nahm nicht einmal Notiz von mir und tat so, als sei ich überhaupt nicht anwesend. Auch meine neuen Freunde, die ich von der Gangway her kannte, taten plötzlich fremd. Schließlich nahm ich mir ein Herz, sprach den erstbesten Jantje an und bat höflich, mir doch zu sagen, was ich tun müsse, um etwas zu essen zu bekommen. Diese Frage hätte ich wohl besser nicht gestellt. Bevor der Matrose mir überhaupt antworten konnte, wurden Pellkartoffeln und Heringe mit großer Wucht nach mir geworfen, wobei die einzelnen Geschosse von einem wilden, fast wütenden Geschrei begleitet wurden.

Auf dieses überfallartige Bombardement war ich nicht vorbereitet. Ich verstand auch nicht, warum man gerade mich als Zielscheibe aussuchte, denn schließlich war ich neu an Bord und gehörte eigentlich noch nicht richtig zur Besatzung. Was waren das für Leute, wo war ich da hingeraten? Schließlich schrien mich einige Matrosen an, ich hätte die Bedienung zu übernehmen, umgekehrt sei das auch heute noch keine Mode. Fluchtartig verließ ich den Messeraum und verkroch mich in meiner, mir gerade erst zugeteilten Koje. Wie ein gescholtener Hund kam ich mir vor und vor lauter Heimweh heulte ich schließlich noch. Das würden sie mir büßen müssen. Segelschiffsleute waren harte Burschen, das war mir bekannt, aber mußte das »Hartsein« auf diese Weise gezeigt werden? Der Koch zeigte Mitleid und brachte mir später das Essen selbst in die Kammer.

Am Nachmittag holten mich meine Kumpel zum Rundgang durch das Schiff.

Die »MAGDALENE VINNEN« war ein gutes und starkes Schiff und in den 20er Jahren in Kiel aus erstklassigem Stahl gebaut. Sie war bei einer Segelfläche von ca. 3800 qm als Vier-Mast-Bark getakelt mit einer Ladefähigkeit von etwa 5600 Gewichtstonnen und einer Vermessung von 3476 Brutto-Registertonnen.

Nach der schönen »KOPENHAGEN«, die in den Süd-Breiten im Dezember 1928 verloren ging, war sie das größte noch in Fahrt befindliche Segelschiff. Andere bekannte Segler, wie die Salpeterfahrer der Reederei Laeisz, waren vom gleichen Bautyp mit einer nur unwesentlich kleineren Tonnage.

Die »MAGDALENE« war ein Drei-Insel-Schiff mit geschlossener Back und Poop und einem langgezogenen Hochdeck oder auch Hauptdeck, wie es oft bezeichnet wurde.

Es war eine deutsche Eigenart, kurz vor der Jahrhundertwende größere Segler in dieser Form zu bauen. Man erreichte durch den Inselbau eine größere Sicherheit für Schiff und Besatzung und konnte diesen Raum für Unterkünfte nutzen, so daß man auf die problematischen Deckshäuser verzichten konnte.

Das Ausrüstungsmaterial für unseren Schiffsbetrieb wurde unter der Back in verschiedenen Decks verstaut, während im Achterschiff Proviant und spezielle Ausrüstungen lagerten. An der Steuerbordseite des Hockdecks wohnten die Mittschiffsgäste (Kapitän und Offiziere) und an der Backbordseite die Seeleute, die vor dem Mast fuhren (Mannschaften). Im Hochdeck befand sich außerdem die Zentrale der Schiffsführung, die im Hinblick auf ihre Ausrüstung mit navigatorischen Hilfsmitteln recht bescheiden aussah. Dem aufmerksamen Beobachter wurde schnell klar, hier war die Nase des Kapitäns das bedeutendste nautische Instrument.

Die Besatzung wurde mit 35 Mann relativ klein gehalten, und es war ausreichend Platz in allen Unterkünften. Der Laderaum, ergänzt durch ein Zwischendeck, hatte Zugang durch vier Luken, die sich in etwa gleichen Abständen über die Länge des Schiffes verteilten.

Moses überall

Laut und bestimmt wie ein Befehl ging der Ruf übers Deck. *Moses!* Moses – hier, hilf mir mal! Moses – da, bring das nach dort! Schnell Moses, nun mach doch nicht so langsam! Verflixt nochmal, Moses, warum kommst du nicht gleich, wenn ich rufe – soll ich dir eine zischen? Moses ... Moses ... Moses ...! Immer wieder und während des ganzen Tages hörte ich diese dumme Ruferei. Alle Leute an Bord schienen der Meinung zu sein, jederzeit meine Dienste für sich in Anspruch nehmen zu können. Ja, war ich denn ein Dienstmann? Morgens um 5 Uhr wurde ich von der Nachtwache gepurrt, und erst gegen 21 Uhr war für mich der Arbeitstag beendet. Ausscheiden sagte man hier an Bord dazu.

Kammer-, Küchen- und Backschaftsdienst war in den ersten Wochen meine hauptsächliche Beschäftigung. Wenn die Matrosen bei Arbeitsschluß ihre Säuberungsorgie unter der Dusche beendet hatten, mußte ich zum Beispiel den großen Waschraum wieder aufklaren. Eine besonders unangenehme Arbeit, da das Schmutzwasser wegen der verschlossenen Speigatten nicht abfloß. Nach dem Eindocken machte die Werft alle nach außen führenden Abflüsse zu, damit Wasser und Abfall nicht ins Dock oder sogar den Arbeitern auf den Kopf fielen. So blieb während des Duschens die Seifenlauge zurück und mußte per Hand an Land gebracht werden. In der Regel kamen mehr als zwanzig Pützen zusammen, die ich auf diese umständliche Art den langen Weg über die unsichere Gangway transportieren mußte.

Sobald ich meine Abendbackschaft erledigt hatte, machte ich mich daran, Ordnung zu schaffen, während die Matrosen gut gelaunt und unternehmungslustig das Schiff verließen. Diese Dienstleistung an Bord gehörte zu den Aufgaben eines zusätzlich gemusterten Kajütjungen und nicht zu einem Decksjungen, der gerade seine nautische Laufbahn begann. Doch der Einfachheit halber hatte man bei uns beide Funktionen auf eine Person vereint und für das Seefahrtsbuch die Dienstgradbezeichnung »überzähliger Junge« eingeführt, die auch die Musterungsbehörde anerkannte. Kajüt- und Decksjunge waren theoretisch zwei Laufbahnbezeichnungen mit unterschiedlichen Arbeitsgebieten. An Bord war aber wegen des Arbeitsablaufs eine Trennung nicht gut möglich, und so hatte man für beide Funktionen nur mich, den Moses.

Es vergingen schon einige Wochen, bevor ich mich endgültig damit abfand, Tag für Tag und immer wieder unsympathische Arbeiten tun zu müssen. Ob das die ganzen 12 Monate so bleiben würde?

Doch zu meiner großen Überraschung durfte ich eines Tages wider Erwarten für einige Stunden mit an Deck gehen und seemännische Arbeit verrichten. Es war ein herrliches Gefühl, endlich an Oberdeck und für eine Weile vom Backschaftsdienst befreit zu sein. Die Matrosen waren freundlich, und aufmunternde Bemerkungen der Mittschiffsgäste halfen mir, mich zurechtzufinden. Schon nach relativ kurzer Zeit verlor ich die Unsicherheit, die mich immer wieder befiel, sobald ich mit den »Altbefahrenen« allein zusammen war. An einem frühen Morgen standen fertig gepackte Seesäcke an der Reling zum Abtransport bereit. Aus einem zufälligen Versteck und aus sicherer Entfernung konnte ich den Abgesang einiger Matrosen beobachten.

Es waren die Schreier, meine besonderen Freunde, die nach der

Abmusterung das Schiff verlassen wollten. Nun suchten sie mich überall, damit ich ihnen die Arbeit machen und die schweren Säcke über die schwankende Gangway an Land schaffen sollte. Ausgerechnet jetzt, wo man ihn dringend brauchte, war kein Moses zu finden, und seltsamerweise blieb er auch verschwunden, so daß die Herren sich nach einigem Warten entschlossen, die Arbeit selbst zu tun.

Ich hockte noch immer in meinem Versteck und freute mich königlich, weil es mir gelungen war, mich erfolgreich zu drücken.

Nach und nach wurde ich mehr in den Bordbetrieb eingeführt und hatte zwischendurch neben der Messearbeit immer wieder an Deck zu erscheinen. Meine Finkenwerder Ausbildung auf der »Matrosenfabrik« – so nannte man die Schule an der Küste – war gut gewesen, sowohl was die theoretischen Kenntnisse als auch was die Praxis anging. Es gab hier an Bord immer mal wieder eine Gelegenheit, dies unter Beweis zu stellen.

Nach Erledigung meines Tagespensums ging ich fast immer noch einmal für eine halbe Stunde in die Toppen, um durch intensives Training die unbedingt notwendige Fertigkeit für die Arbeit in der Takelage zu bekommen. Je sicherer und geschickter ich mich in den Wanten bewegte, desto früher würde ich von den übrigen Seeleuten draußen auf See akzeptiert werden. Die Anerkennung durch die Crew war mir wichtig, und daher hielt ich meine Übungen für einen guten Weg. Vielleicht könnte ich dadurch öfter von der Backschaft befreit werden und so meine Jungenzeit aufbessern. Die Marsplattform machte mir anfangs einige Schwierigkeiten, doch ich gab nicht auf und kletterte jeden Tag wieder die Wanten hinauf, um den besten Weg zu finden. Dabei gab es keine Tricks, und nach einigen Versuchen glückte es mir eines Tages, die Püttings dieser Plattform flott zu nehmen. Leichter war die gleiche Übung bei der Saling mit ihren weiten Auslegern. Eine geringere Anzahl von Pardunen in dieser Höhe ließ genügend Platz für einen unbeschwerten Übergang, auch von der Innenkante her war das Problem sicher zu schaffen.

Hatte ich die Saling erreicht, lag zwar dreiviertel des Weges hinter mir, aber erst hier begann der interessantere Teil meines Unternehmens, die Stenge, die beiden Bramrahen und die Royal waren noch über mir. Also höher hinauf und dem Flaggenknopf immer ein Stückchen näher – und dann stand ich schließlich auf der Royal, oder genauer, auf dem kleinen Rack dieser Rah. Ich war sehr stolz auf meine Leistung. Immerhin trennten mich nun ca. 50 Meter von dem unter mir liegenden Hauptdeck, das aus dieser Höhe im Verhältnis zum Rigg ziemlich klein aussah. Sollte ich bei dieser Gelegenheit noch weiter hinaufgehen, vielleicht sogar bis zum Flaggenknopf? Aber dort, wo ich jetzt stand, endeten auch die relativ sicheren Webleinen, und noch weiter oben gab es nur die schmale Jacobsleiter, die mir ziemlich wacklig schien. Sollte ich trotzdem gehen?

Nach einigem Überlegen entschied ich mich, die weitere Kletterei bleiben zu lassen und besser abzuwarten, bis ich mich in der Takelage sicherer bewegen konnte.

Ich war zwar schwindelfrei, aber ein wenig mulmig war mir doch zumute.

Bis zu diesem Tage waren wir noch nicht vollzählig, da einige Urlauber und der Ersatz für die letzten Abmusterungen erst in den nächsten Tagen erwartet wurden. Der Segler konnte aber nicht im Dock bleiben und darauf warten, bis Besatzung und Ausrüstung komplett waren. Die Werft hatte alle notwendigen Decksarbeiten erledigt, der Außenanstrich war tipp-topp in Ordnung gebracht – das Ausdocken konnte beginnen.

Am anderen Morgen standen die Schlepper am Docktor, und kaum war unser Schiff aufgeschwommen, nahmen sie die Schlepptrossen auf den Haken und verholten uns zum Liegeplatz zur Übernahme der Ballastladung.

Das Verholmanöver war keine große Angelegenheit, es ging kein stärkerer Wind, der uns in dem engen Hafenbecken in Verlegenheit hätte bringen können. Bei dem Manöver half ich auf dem Achterschiff, und die Festmacher erforderten meine ganze Kraft. Mit der Manilaleine kam ich gut zurecht, aber der Drahtfestmacher brachte mich zur Verzweiflung. Diese alten Dinger waren so sperrig und so voller »Fleischhaken«, daß ich nicht allein damit fertig wurde. Aber ich leistete meinen Teil, und endlich waren wir bereit, den Ballast zu übernehmen.

Wir laufen aus

Die Ballastübernahme brachte außer Dreck keine Probleme. Hafenarbeiter luden mit Kränen in einer Schicht und erledigten ebenfalls die Planierarbeiten im Unterraum. Der Ballast bestand hauptsächlich aus zusammengefegtem Straßendreck, rostigen Draht- und Eisenteilen und einigen Kinderwagengerippen. Von dieser abstoßenden Zusammensetzung nahm vorläufig keiner Notiz. Später jedoch, als das Gut im Spencer Golf gelöscht werden sollte, blieb der erwartete Ärger nicht aus.

Warum brachte man uns einen so miesen Ballast? Sehr wahrscheinlich war es für die Reederei eine Frage des Preises, denn Sand oder grober Kies kosteten sicherlich viel mehr, als man für den Dreck aus den Straßen der Stadt bezahlen mußte. Gott sei Dank stank das Zeug wenigstens nicht.

Inzwischen waren die Urlauber wieder da, und auch der erwartete Ersatz für die Abmusterungen hatte die Arbeit aufgenommen. Die Zeit der Werftgammelei war damit vorbei. Die Auslaufvorbereitungen begannen, und der normale Bordbetrieb gefiel mir viel besser.

Mein Ziel auf Fahrt zu gehen, rückte damit näher.

Für Matrosen und Leichtmatrosen gab es in dieser Phase viel Arbeit, und auch ich mußte tüchtig mitanpacken. Meine sonst so wichtige Backschaft verlegte man fast immer in die Abendstunden, um so eine zusätzliche Kraft für die vorrangigen Arbeiten an Deck und Takelage zu bekommen. Das allgemeine Arbeitstempo nahm zu, und ich wurde mit irgendwelchen Hilfsdiensten in Trab gehalten. Bei manchen Gelegenheiten, wie zum Beispiel beim Anschlagen der Segel oder beim Scheren einer Talje, riefen oft mehrere Matrosen von vorn oder aus den Rahen gleichzeitig nach mir.

Nebenher lief die Versorgung durch verschiedene Schiffsausrüster, und mehr als ein Lastwagen Ausrüstungsmaterial und Verpflegung für die lange Reise mußte übernommen und in den Lasten verstaut werden. Man brauchte schon ganz schön viel Kraft, um all die schweren Kisten, Säcke und Körbe zu tragen, schleppen und wuchten. Den Jantjes war ich als kräftige Hilfe willkommen, auch wenn es nur drum ging, irgendwo auf dem großen Deck einen Tampen eisern festzuhalten.
Natürlich ging man nicht zimperlich mit mir um, so daß es auch schon mal Ohrfeigen setzte. So etwas ist mir passiert, als ich bereits 2 Monate an Bord war. Ich habe dabei den Spieß umgedreht, mich mit aller Kraft gewehrt und dem Angreifer eine tüchtige Abreibung verpaßt. Künftig ließ man mich in Ruhe. Ein rasanter Segelschiffsbetrieb war nun mal kein Mädchenpensionat.
Die Wochen vergingen schnell und jeder Tag brachte mir neben der Eingewöhnung in den geregelten Schiffsbetrieb ein gut Teil praktischer Erfahrung, ohne die man nicht zurechtkam und die auch einen guten Matrosen ausmachte.

Wenige Tage vor dem Auslaufen ertönte eines Nachmittags das »all hands«-Signal.
Ein Manöver, jetzt zu dieser Zeit? Wir lagen doch an der Pier, also kam ein Segelmanöver nicht in Frage. Da ich nicht wußte was anlag, ließ ich meine Backschaft im Stich und sauste ebenfalls in Richtung Poop davon.

Nach wenigen Minuten hatte sich die gesamte Besatzung im Halbkreis um den bereits wartenden Kapitän versammelt. Der »Alte« begann zunächst mit der Verlesung der Besatzungsliste für die kommende Reise, und jeder Neue hatte bei der Nennung seines Namens kurz vorzutreten. Die sonst im Messeraum betont forsch und dreist auftretenden Seeleute zeigten sich vor dem Kapitän respektvoll, bescheiden und höflich.

Nach Bekanntgabe einiger bordinterner Dinge wurde die Reedereiorder für die bevorstehende Reise verlesen. Unser Ziel, Australien, kannten wir bereits. Der Kapitän nannte nun die genaue Route. Wir würden durch das Mittelmeer nach Ancona/ Italien segeln, nach entsprechender Beladung von dort über Las Palmas/Gran Canaria nach Kapstadt/Südafrika fahren und dann vom Spencer Golf mit einer Ladung Weizen die Rückreise nach Europa antreten. Zwölf Monate sollte der Törn dauern. Die Aussicht, das Mittelmeer, Kapstadt und natürlich auch den Südteil des fünften Kontinents zu erleben, begeisterte mich. Ich freute mich auf die schöne Reise.

Dann war es soweit, die Segel waren angeschlagen. Der 1. Offizier hatte aus der Segellast eine der guten Nord-Atlantik-Garnituren für die Rahen und Stage ausgewählt, die aus schwerem Tuch gearbeitet waren und auch stürmische Winde überstanden. In dieser Jahreszeit mußte in unserem Fahrgebiet nicht gerade mit extremen Windverhältnissen gerechnet werden, aber dem Ersten war es lieber, auf Überraschungen vorbereitet zu sein.

Nicht nur alle Segel, sondern auch das gesamte laufende Gut wurde sorgfältig geprüft und neues Tauwerk dort eingeschoren, wo das alte Material anfing, brüchig zu werden.

Die Decks wurden aufgeklart und die Luken mit neuen Persennigen in doppelter Lage abgedeckt. Eichenholzkeile sollten verhindern, daß die sorgfältig verschalten Abdichtungen von der überkommenden See weggewaschen wurden. Unser Ausrüstungsmaterial wie Segeltuch, Draht- und Hanftauwerk, Farben, Teer usw. blieben im Kabelgatt, im Lampenspind und anderen

Lasten seemännisch gestaut. Entbehrliches Zeug gab der zuständige Matrose von Bord oder er laschte es so, daß auch stärkerer Seegang keinen Schaden anrichten konnte.

Zum Schluß machte der erste Offizier seine Inspektion, und er nahm es damit sehr genau. Erst als alles, aber auch alles bis ins kleinste Detail begutachtet und seine Zustimmung gefunden hatte, meldete er »Schiff ist seeklar«.

Nach Erledigung der Auslaufformalitäten bei den zuständigen Behörden kehrte der Kapitän aus der Stadt zurück, und damit lief das Ablegemanöver an.

Auf dem Vor- und Achterschiff ging die Mannschaft auf Position, die Steuerleute stimmten notwendige Einzelheiten miteinander ab und mit seiner hellen Kommandostimme leitete der Kapitän das Manöver ein.

»Kloor vörn und achtern, all hands boys, all hands!«

Der Lotse war an Bord, die Schlepper lagen an der Außenseite längsseit und gaben ihre Leinen über. Auf Back und Poop herrschte ein enormes Tempo.

Meine Manöver-Position war auf dem Vorschiff, gleich hinter der Back an der Steuerbordseite.

Die Vorspring, wieder hatte ich es mit einem mistigen Draht zu tun, mußte von mir eingeholt werden, nachdem ein Grandje sie an Land losgeworfen hatte. Das ging relativ schnell und einfach, denn die wenigen Meter hatte ich bald binnenbords und ordentlich aufgeschossen, wie ich es gelernt hatte. Vorläufig war nicht mehr zu tun und meine Funktion zunächst erfüllt. Ich hatte Zeit, mich umzusehen.

Wie von Geisterhand geführt, völlig lautlos, nahm das Schiff Fahrt auf. Die Entfernung zu unserem zurückbleibenden Liegeplatz vergrößerte sich mehr und mehr, und es beeindruckte mich zu sehen, wie reibungslos sich dieses »auf Fahrt begeben« abwikkelte. Schon öfter hatte ich miterlebt, wenn Schiffe den Hafen verließen. Aber immer war ich nur der Zuschauer auf der Pier gewesen. Nun war ich selbst an Bord und als Mitglied einer Crew aktiv an dem Geschehen beteiligt – ich war glücklich.

Ein kleiner, stark qualmender Schlepper bemühte sich, uns ins freie Wasser zu bugsieren. Ungefähr eine Stunde dauerte das Schleppen. Die Zeit nutzten wir für die notwendigen Segelvorbereitungen. Außerhalb der Flußmündung und frei von Land nahmen wir die schwere Trosse vom Poller und ließen sie aus der Klüse ins Wasser fallen. Für den Schlepper war damit die Arbeit beendet. Er kam auf der Höhe der Lotsenleiter in Luv längsseit, übernahm den Lotsen und drehte mit viel Lärm aus seiner Dampftüte eine Ehrenrunde. Anschließend lief er eine kleine Meile voraus, dippte seine ausgefranste Flagge und ließ uns passieren.

Alle Segel zu setzen war keine einfache Sache, und wenn in einem Gang vier Masten mit einer relativ kleinen Besatzung bearbeitet werden mußten, war das sogar ein harter Job. Wie auf allen Segelschiffen wurde bei solchen Gelegenheiten auch auf der »MAGDALENE VINNEN« immer ein »all hands«-Manöver gefahren, um die Arbeit möglichst innerhalb von 3 bis 4 Stunden in Griff zu bekommen. »Alle Mann« bedeutete, daß außer den beiden Wachen auch der Zimmermann und der Segelmacher in die Toppen gingen und daß bei extremen Bedingungen sogar der Koch und der Stewart vom Kapitän an Deck gerufen wurden.
Diese beiden Helfer mußten wegen der für sie ungewohnten Tätigkeit manchen Spott einstecken. Sie durften nicht in den Mast, stellten sich an Deck aber recht geschickt an und bildeten für die Wachen eine wertvolle Unterstützung.
Ich hatte viel zu tun. Mal hier auf einem Capsel einen Tampen festhalten, dann mal einen anderen belegen, und so war ich

überall dort, wo man zusätzliche Hände gerne annahm. Trotz allen Trubels nahmen sich einige Matrosen immer noch die Zeit, mir den Zweck meiner Handreichungen zu erklären.

Doch als es für mich darum ging, bei fahrendem Schiff in den Mast aufzuentern und dort zum ersten Mal zu arbeiten, erkundigte sich keiner nach meiner Geschicklichkeit in solchen Dingen. Der 1. Offizier schickte mich einfach hoch und rief den bereits in den Wanten kletternden Matrosen nach: »Der Jung' aber nicht höher als auf die Mars! Wenn er sich dort zu dusselig anstellt, dann haut ihm eine runter! Er wird sich an die Seefahrt gewöhnen müssen.«

Und dann standen die Plünnen!
An die Brassen – trimmen mit Hals und Schoot, mit Winden, Capsel und mit Muskelkraft. Jeder Handgriff mußte schnell und sicher getan werden, denn eine verpaßte Chance war nur schwer wieder auszugleichen. Nachdem alle Segel getrimmt waren und die Decks aufgeklart werden konnten, war es vorbei mit der Hektik, es kam Ruhe in die Mannschaft.
Jedes Segelsetzen ging auch einmal zu Ende und mein erstes »all hands« hatte ich gut überstanden. Ich war ziemlich erschöpft, aber zufrieden mit dem Ablauf der Dinge und dieses ganze »Drum und Dran« eines solchen Manövers war so richtig nach meinem Geschmack. Unter dieser Vielzahl unterschiedlichster Segel die See zu kreuzen, machte mich stolz und immer wieder schaute ich in das über mir stehende Dach aus hellem Segeltuch und genoß den Anblick.

Während der nächsten Tage brauchte ich nicht wieder in den Topp, denn für den Moses gab es andere Dinge zu tun.
Vorläufig hatte ich bei allen Manövern auf einem der Decks einen der vielen Tampen mit aller Kraft festzuhalten. Oft war dieses Ende nicht aus Hanf, sondern aus einem harten Draht, der

in die Hände schnitt, daß sie bluteten. Doch der Smutje wußte in solchen Fällen zu helfen. Er schmierte etwas Schmalz darauf, so daß das Gewebe weich blieb und die Wunden schneller heilten.

Die Seewachen

Es ging auf 12 Uhr zu, die Mittagszeit war da. In der Kombüse hatte der Koch seine Schmirgelei beendet und versuchte, mich irgendwo zu finden, um pünktlich seine Portionen ausgeben zu können. Ohne Pause wechselte ich vom Deck in die Messe und war gerade mit den Vorbereitungen fertig, als die Jantjes zum Essen hereinstürmten. Zügig und ohne Störung brachte ich meine Backschaft zu Ende. Ein unerwartetes »all hands«-Signal lief durch die Decks und der laut gerufene Zusatz »alle Mann nach achtern«, wurde klar verstanden. Sofort sprangen die Seeleute von den Bänken auf und stürmten in Richtung Poop davon, ich wie ein wildgewordener Handfeger hinterher, denn der Moses durfte nicht als letzter ankommen.

Warum war das Signal gegeben worden?

Die Segel waren doch gerade erst gesetzt worden. Etwas Wichtiges mußte die Anwesenheit der ganzen Besatzung erfordern. Nun, ich würde ja sehen.

Der Kapitän lief bereits ungeduldig auf der Poop auf und ab, während seine wachfreien Steuerleute lebhaft irgendein Thema diskutierten. Da ich immer noch nicht den Zweck des Treffens kannte, glaubte ich zunächst an eine Art Musterung, wie sie auch auf der Seemannsschule durchgeführt wurde. Doch als nach einer relativ kurzen Zeit die Besatzung vollzählig versammelt war, befahl der Kapitän den beiden Offizieren, die Seewachen aufzustellen.

Das bedeutete, den Wechsel vom Tagestörn des letzten Hafens, auf ein 2-Wachen-System von 4 und 6 Stunden vorzunehmen, um einen durchgehenden 24-Stunden-Betrieb aufrechtzuerhalten. Mit dem Rhythmus von 4 und 6 Stunden, auch als englisches System bezeichnet, wurde erreicht, daß neben dem geregelten Wachbetrieb am Tage noch einige Stunden zusätzlich gearbeitet werden konnten.

Bevor die Zeremonie begann, hielt der 1. Offizier zum Vergnügen aller eine kurze Rede über Sinn und Zweck der Seefahrt:

»Ein Schiff, das seine Kraft zur Fortbewegung durch das Wasser von einer Maschine bezieht, dieses Schiff kann man nur als ›Smoke-Ewer‹ bezeichnen. Mit so einem Stinkkasten zu fahren, ist schließlich auch keine Kunst, das sollte man sich merken, und wir würden es eines Tages selbst erfahren, wie wenig Freude diese nach Öl riechenden Eimer bereiteten.

Dagegen ermögliche das Element Wind eine Kraft zur Fortbewegung eines Schiffes, die es einem ordentlichen und sauberen Seemann gestatte, Zeit seines Lebens ein solcher zu bleiben. Nur der Fahrensmann eines Seglers sei als ein Seemann seiner eigentlichen Bedeutung nach anzusehen.

Überhaupt die Segelschiffsmänner!

Man möge bedenken, wieviel besser sie doch ihren Tag gestalten könnten als zum Beispiel die armen Leute, die immer an Land bleiben müßten. Sie seien bei schlechtem Wetter dem böigen Wind und dem kräftigen Sturm ausgesetzt und es bestünde keine Möglichkeit, den Naturgewalten auszuweichen.

Wir jedoch, wir würden in so einem Falle einfach davonsegeln. Unser Schiff trüge uns der Sonne entgegen und der alte Rasmus hätte somit das Nachsehen. Es gäbe da schon große Unterschiede, das könnten wir ihm getrost glauben. Und wenn wir das am Ende begriffen hätten, müßte es doch einleuchten, daß einem jungen Seemann in seinem Berufsleben nichts besseres geschehen könne als auf einem Segler zu sein, auch wenn die Reise länger als vorgesehen dauern sollte.«

Diese Rede hielt er natürlich in Plattdeutsch, wie er es gewohnt war. Er bediente sich an Bord grundsätzlich dieser Sprache, wenn man einmal von der mit vielen englischen Brocken gespickten Kommandosprache absah, und wer ihn dabei nicht verstand, mußte sehen, wie er zurecht kam.

Warum unser 1. Offizier überhaupt die Gelegenheit zu einer Rede nutzte, blieb unklar.

Später konnte ich noch oft feststellen, daß unser »Jule«, so nannten wir ihn für den Dienstgebrauch, immer noch in der Welt der großen Segelschiffe dachte und lebte und sich strikt weigerte, von Dingen Kenntnis zu nehmen, die nicht in seine Welt paßten.

Voller Stolz erzählte er immer wieder von den Barken und Vollschiffen, mit denen er entweder das Kap Horn umrundet oder auch die China-See befahren hatte. Einige seiner Schiffe hatten die englische Flagge geführt, daher stammte wohl auch sein seltsames Kommando-Kauderwelsch.

Wir beide verstanden uns gut, und ich mochte ihn trotz seiner Schrullen sehr gern. Wenn auch seine Qualität als Nachwuchsausbilder mehr als umstritten blieb, so war er für mich die personifizierte Segelschiffsromantik und er ist es auch in den Jahren danach geblieben. Sein »Spezi« war ich aber keineswegs. Die an mich gestellten Anforderungen in der praktizierten Seemannschaft maß er an seinen eigenen Leistungen, ohne dabei ungerecht zu sein. So habe ich noch heute große Achtung vor diesem Mann. Später, sehr viel später, sollten wir uns auf einem Trampdampfer wieder begegnen, einem Schiff, das ihm sicher keine Freude bereitet hat.

Doch zurück zu den Seewachen.

Das Ritual einer Wacheinteilung wurde immer noch maßgeblich von alten Bräuchen aus der Blütezeit der Segelschiffe bestimmt. Auch aus dem Bereich des Aberglaubens stammte noch einiges, wie bei den verschiedensten Zeremonien immer wieder deutlich wurde. Unser Bordleben machte da keine Ausnahme. Ein Beispiel dafür lieferte unser Erster Offizier, der dringend darum bat, auf dieser Reise die Backbord-Wache zu übernehmen. Von der Tradition her stand ihm als Vertreter des Kapitäns die Steuerbord-Wache zu, und keiner wußte so recht, warum ihm an der anderen Wache mehr lag. Obgleich der Alte, der seinen Ersten seit vielen Reisen genau kannte, sofort zustimmte, zögerte der Zweite Offizier mit seinem Einverständnis, um auf diese Weise Jules Motiv zu erfahren. Aber der war auf der Hut und gab mit einer ausweichenden Erklärung sein dubioses Verhalten nicht preis.

Um zu erreichen, daß beide Wachen sowohl von der Anzahl als auch von der Leistung der Seeleute her ausgeglichen besetzt wurden, stellten sich die Offiziere, die auf einem Segler immer noch Steuerleute hießen, ihre Wachgruppen von Matrosen und Leichtmatrosen durch wechselseitiges Aufrufen zusammen. Die besten Leute wurden daher als erste aufgerufen.

Eine ganze Weile stand ich ziemlich verloren herum und hoffte immer, das Glück würde mir beistehen und mir meinen geheimsten Wunsch erfüllen. Da hörte ich Jule rufen:»Der Moses zu mir!« Es war gut gegangen, denn auf seine Wache wollte ich und zufrieden ging ich unter Deck.

Damit war die Besetzung aller Positionen geregelt, und die Zeremonie beendet. Beide Wachoffiziere gaben dem noch anwesenden Kapitän ihre Vollzähligkeitsmeldungen ab: 12 Seeleute für die Backbordwache und 13 Seeleute für die Steuerbordwache. Die Backbordwache übernahm sofort Ruder und Ausguck, die Freiwache ging unter Deck.

Natürlich hatte ich auch mit Wache zu gehen, ohne Frage würde sich mein Arbeitsbereich aber ab sofort ändern müssen, denn einerseits war ich gewählter Wachgänger mit allen Vor- und Nachteilen einer Zeiteinteilung, andererseits aber auch Backschafter mit einem ebenso festen Zeitablauf. Wie nun die beiden

Aufgaben in Übereinstimmung gebracht werden konnten, das mußten die nächsten Tage zeigen.

Im Augenblick lief meine Abendwache bis Mitternacht, und danach würde ich mich auf Freiwache verziehen. Eine bestimmte Funktion hatte ich auf meiner allerersten Wache natürlich nicht, auch für den Flötentörn wollte man mich noch nicht heranziehen. Doch herumsitzen und nichts tun, das konnte nach Meinung der übrigen Wachgänger für einen Moses auch nicht in Frage kommen. Also galt es, einen Ersatzjob zu finden, eine Beschäftigung für die vier Stunden.

Findigen Köpfen fehlte es nicht an Ideen, und so forderten mich die Jantjes mit lachendem Gesicht auf, Zigaretten auf Vorrat für sie zu drehen. Sie hatten gleich genügend Material mitgebracht, und mein protestierender Hinweis auf meine Unerfahrenheit in solchen Dingen machte keinen Eindruck. Schließlich sei ich doch an Bord gekommen, um etwas zu lernen oder etwa nicht? Also gab ich klein bei, verzog mich in eine vom Mond ausgeleuchtete Ecke und begann zu drehen. Du lieber Himmel, es waren unmögliche Formen, die zu Anfang dabei herauskamen und ich war heilfroh, meine Produkte nicht selbst rauchen zu müssen.

Das Mittelmeer

Der Segler machte gute Fahrt und wir kamen von der Irischen See über den Nord-Atlantik-Dampfertreck allmählich in die Biscaya hinein.

Von diesem gefährlichen Teil eines Seegebietes hatte ich schon oft gelesen. Sehr viele Schiffe, speziell Segelschiffe, hatten gerade hier vor dem Kanaleingang mit erheblichen Schwierigkeiten durch Wind und Wetter zu kämpfen, und leider ging trotz größter Anstrengungen durch die Besatzung so mancher bekannte Windjammer an dieser gefürchteten Küste verloren. Mir war bekannt, daß ein paar Jahre vorher ein Fünfmaster unserer Reederei, die »ADOLF VINNEN«, in diesem Gebiet gestrandet war. Es war ein neues, ebenfalls in Kiel gebautes Schiff und befand sich auf der ersten Ausreise. Welche Ursachen mögen so schnell zum Totalverlust geführt haben? Lag es nur an den starken auflandigen Winden, die den Segler nicht freikommen ließen oder hatte man die kleine PS-schwache Hilfsmaschine überschätzt oder vielleicht sogar ungenügende Zeit für das Einfahren der neuen Besatzung bekommen?
Ich war in Sorge, wie es uns wohl in dieser See ergehen würde. Doch die souveräne Art des Kapitäns, sein Schiff zu führen, beruhigte mich. Außerdem mußte Neptun, oder wer sonst auch immer sich zuständig fühlte, gewußt haben, daß hier ein blutjunger Anfänger an Bord war: Uns erwartete ruhiges Hochsommerwetter. Ein steter raumer Wind und eine mäßige Dünung ergaben ein ausgezeichnetes Segelwetter, so daß die »MAGDALENE« unter Vollzeug das Wasser des Atlantik förmlich durchpflügte.

Der Kapitän schien eine schnelle Reise zu planen, denn trotz zunehmender Brise blieben alle Segel stehen, und unser Schiff rauschte dahin, als gelte es ein Rennen zu gewinnen. Durch diese forsche Segelei mit ständigem Brassen, Stritschen und Durchholen der Schoten hatte die Besatzung mit dem Segelbetrieb alle Hände voll zu tun. Fast konnten wir meinen, an Bord einer stattlichen Yacht und nicht auf einem Frachtsegler zu fahren. Es war ein herrlicher, für mich außerordentlich lehrreicher Segeltörn, und ich freute mich auf jeden neuen Tag. An Bord eines fahrenden Seglers zu leben und auf diese Weise die Welt zu sehen, das konnte mir schon gefallen, schließlich hatte ich zu Hause in ungezählten Nächten davon geträumt.

Wir passierten das Cape Finisterre und standen nach schneller Fahrt auf der Höhe von Cape de St. Vicente. Eine Woche waren wir jetzt unterwegs, und mir schien es ein gutes Ergebnis zu sein. Bei ruhiger See standen wir vor der Straße von Gibraltar mit achterlichem Wind, der schön stetig aus West auf die Segel drückte, wenn auch mit leicht nachlassender Tendenz. Die Toppen standen jedoch immer gut voll und wir hofften, die Brise würde bleiben und nicht bei Sonnenuntergang einschlafen.

Mein Selbstbewußtsein wuchs stetig, auch mein Gefühl für das Schiff und das Verständnis für den Alltag des Schiffsbetriebes wurden immer ausgeprägter. Ich war auf gutem Wege, mich zu akklimatisieren, hineinzuwachsen in diese Männergemeinschaft mit ihren Eigenarten und Eigentümlichkeiten und lernte gleichzeitig, Toleranz gegenüber meinen Mitmenschen zu üben, wodurch der Umgangston verträglicher und somit kameradschaftlicher wurde. Wenn äußere Umstände uns dazu zwangen, den Bordbetrieb zu ändern, wenn etwas auf uns zukam, das bezwungen werden mußte, wenn Wasser und Wind den Ablauf der Ereignisse bestimmten, dann fühlte ich mich einbezogen, dazugehörend. Ich war ein richtiges Mitglied der Besatzung geworden.

Und dann liefen wir in die Straße ein!

Alle abkömmlichen Seeleute bezogen auf der Back Stellung und blickten erwartungsvoll voraus, als gelte es, eines der sieben Weltwunder neu zu entdecken. Dabei war das eigenwillige Felsmassiv fast jedem vom Foto her bekannt, aber an Ort und Stelle hatte es eben noch keiner gesehen.

Diese Meerenge mit einem Segelschiff unter vollen Segeln zu durchfahren, war schon etwas Besonderes. Die Abhängigkeit von Wind und starker Strömung, die mögliche Beeinträchtigung durch sehr starken Dampferverkehr, forderte der Schiffsleitung höchste Aufmerksamkeit ab. Auch der Kapitän hatte die Enge noch nicht mit einem großen Segler durchfahren.

Die Passage verlief reibungslos. Sowohl die Strömungs- als auch die Windverhältnisse blieben kursgerecht, und unter diesen günstigen Bedingungen segelte unser Alter mit dem Schiff hindurch, als hätte er nie etwas anderes gemacht. Trotzdem wurde vorsichtshalber »beide Wachen an Deck« befohlen für den Fall, daß Gefahr drohte und ein sehr schnelles Manöver notwendig werden sollte. Aber die Crew war ohnehin an Deck. Dieses seltene Ereignis wollte niemand versäumen.

Da wir am Tage passierten und mit unseren hohen Segeltürmen weit zu sehen waren, ließen sich auch einige Dampferkapitäne das seltene Schauspiel, einem Großsegler unter Vollzeug auf Gegenkurs zu begegnen, nicht entgehen. Sie kamen oft so nahe heran, daß die Flaggen gedippt und wir uns zuwinken konnten. Solche Aufmerksamkeit zu erregen, machte uns richtig stolz.

Mein heimlicher Wunsch, auf der Höhe des Affenfelsens mit am Ruder zu stehen, um auf diese Weise hautnah am Geschehen zu sein, erfüllte sich nicht. Ich war ja noch nicht einmal zur Probe am Ruder gestanden und Steuern wollte erst einmal gelernt sein. Eine genaue Kenntnis der Kompaßrose allein genügte da nicht.

Außerdem mußte der Mann am Ruder auch segeln können, wovon ich natürlich noch keine Ahnung hatte.

Ich nahm mir aber vor, wegen der notwendigen Ausbildung ein wenig zu drängen und mit Jule bei passender Gelegenheit darüber zu sprechen. Vielleicht hatte ich Glück. Das Ziel meiner Laufbahn waren die vier Ärmelstreifen eines Kapitäns. Mich beschäftigte die Frage, ob ich wohl wirklich meinen Mann stehen oder eines Tages als »Jonas« gelten würde. Ein Jonas, so hatte man mir klargemacht, war ein Pechvogel, der für alle vorkommenden Widrigkeiten an Bord verantwortlich gemacht wurde. Hatte man einen solchen Jonas an Bord, war auf dem Segler ein normaler Reiseverlauf sehr unwahrscheinlich. Fortwährend schralende Winde bei seinem eigenen Rudertörn oder sogar ein Unfall eines Besatzungsangehörigen wurden ihm angelastet. Diese nervliche Belastung über einen längeren Zeitraum zu ertragen, war nicht jedermanns Sache, und einer unserer Leichtmatrosen hatte aus diesem Grunde das Schiff gewechselt, um endlich von diesem Makel frei zu sein. Unser 1. Offizier hatte mit einem Jonas nicht viel im Sinn. »Der soll man abmustern – aus dem wird sowieso kein vernünftiger Kerl«, war sein vorschnelles Urteil. Ob Jule nicht vielleicht selbst ein Jonas war, konnte ich nicht beurteilen, ein großer Spökenkieker schien er aber auf jeden Fall zu sein. So allerhand Sachen und zum Teil haarsträubende Geschichten wurden von ihm erzählt.

Die Fahrt durch das Mittelmeer war nicht so angenehm, wie ich erwartet hatte. Schon nach 24 Stunden schralte der Wind in östlicher Richtung, und wir mußten mühsam in kleinen Schlägen bei ständigem Regen gegenkreuzen.
Die vielen Manöver brachten anstrengende Arbeit für die Wachen und immer wieder ein heilloses Durcheinander auf den

Oberdecks. Meine Arbeit war es, in flottem Tempo das laufende Gut zu sortieren und wieder in Ordnung zu bringen, und ich war jedesmal erleichtert, wenn ich bei dem Gerenne den richtigen Koffeinagel für den Tampen gefunden hatte. Wehe mir, wenn nachher ein Gording nicht stimmte, sofort riefen beide Wachen im Chor nach dem Moses.

Wir atmeten auf, als uns ein Schlepper am Golf von Taranto aufnahm und die Adria bis nach Ancona hochbrachte.

Mit der Annahme des Schleppers ließ es auch Petrus genug sein, das Wetter wurde besser.

Ancona

Es ging das Gerücht, ein Landgang in Ancona sei nicht lohnenswert. Aber an Bord wurde immer viel erzählt, und da war es schon besser, sich selber ein Bild zu machen. Ich ließ mich nicht verunsichern und mir auch nicht die Freude nehmen, einmal eine italienische Hafenstadt zu sehen. Während ich in Dublin aus Mangel an Zeit kaum einmal an Land kam, hatte ich hier die feste Absicht, das zu ändern. Jetzt, da sich im Backschaftsbereich der Betrieb reibungslos abwickelte, mußte auch ausreichend Freizeit für mich vorhanden sein, und ich hatte vor, diese nach eigenen Plänen zu nutzen.

Durch Straßen und Parkanlagen mit den großzügigen bunten Blumenrabatten zu bummeln, war eine interessante Abwechslung gegenüber dem rohen Bordleben, und ich genoß es sehr, dem Reglement für einige Stunden zu entrinnen. Mit Staunen nahm ich den Reiz dieser fremden Landschaft und seiner Bewohner in mir auf, ohne mich durch die Sprachbarriere behindern zu lassen.

Hoch über der Stadt lag auf einem Plateau eine alte, romantische Zitadelle, die über einen schönen Serpentinenweg zu erreichen war. Von dort oben genoß ich die herrliche Sicht über die Adria, die von hier aus tatsächlich so blau zu sein schien, wie es auf bunten Postkarten immer wieder zu bewundern war. Die Hafenanlagen waren klar auszumachen und die an den Piers liegenden Kriegs- und Handelsschiffe gut zu erkennen. Etwas weiter entfernt, im äußeren Teil der Anlage, lag *mein* Schiff, die »MAGDALENE«.

Fast immer war ich auf meinen Touren allein unterwegs, denn die Matrosen wollten mich beim Landgang nicht dabeihaben. Aber das machte mir nichts aus. Ich genoß die Landschaft und besonders das milde Klima, und ich konnte mir gut vorstellen, warum es soviele Menschen in den Süden zieht. Wenn ich müde und durstig von meinen Ausflügen zurückkam, fand ich am Wege oft eine gemütliche Taverne, und meistens hatte ich auch Zeit, eine oder mehrere Karaffen »vino tinto« zu trinken, und manchmal trank ich in meiner Unerfahrenheit sogar zuviel. Leicht schwankend fand ich mich dann spät am Kai wieder ein.

Es waren herrliche Tage, und ohne Frage bewegte ich mich auf der Sonnenseite meines Seemannslebens.

Diese schöne Liegezeit wurde leider überschattet von der Tatsache, daß wir die für Kapstadt bestimmte Ladung selbst stauen sollten. Es gab zwar genügend Hafenarbeiter in Ancona und von Streiks war auch nichts bekannt, trotzdem standen Schauerleute nur für die Ladungsübergabe zur Verfügung, vom Stauvorgang selbst wollten sie nichts wissen.

Offensichtlich lag es in der Absicht der Reederei, die Lohnkosten auf ein Minimum zu begrenzen. Oder vielleicht konnten Segelschiffe nur noch dann Fracht für weite Fahrten bekommen, wenn die Reeder sich bereit fanden, unlautere Frachtverträge zu akzeptieren, um die Schiffe in Fahrt halten und nicht auflegen zu müssen.

In unserem Anstellungsvertrag mit der Firma waren alle Pflichten und Rechte aufgeführt. Stauarbeiten fehlten dabei, also waren wir auch zu dieser Arbeit nicht verpflichtet. Innerhalb der Crew wurde viel darüber debattiert, ob eine Arbeitsverweigerung ein Ausweg sein könnte. Doch ein Streik oder auch kleinere Aktionen waren eine schwerwiegende Angelegenheit und die Folgen nicht absehbar. Wir waren alle noch jung und unerfahren in solchen Dingen. Außerdem gab es nur noch wenige Segelschiffe in der Welt, und zu einer vollständigen nautischen Ausbildung gehörte eine Segelschiffszeit von ganz bestimmter Dauer, wenn man später einmal bei der Seefahrtsschule zugelassen werden wollte. Was also tun? Es gab nur die eine Möglichkeit: sich zu fügen. Voller Zorn stiegen wir in die Luken und machten uns an die Stauarbeiten.

Geladen wurde Schwefelkies in gepreßten Blöcken. Wer das Zeug kennt, wird mir glauben, daß meine Mittelmeerbegeisterung zwangsläufig wieder abgebaut wurde.

Die erwähnten Blöcke wogen 50 Kilo per Stück, wurden in Groß-Kipploren gebracht und mit Kränen landseitig geladen. Über der Luke entsperrten die Schauerleute die schwebenden Behälter und stürzten den Inhalt in die unteren Laderäume. Die trockenen, sehr spröden Blöcke überstanden natürlich diese Behandlung nicht und gingen unter starker Staubentwicklung zu Bruch. Auch der Stauvorgang selbst stellte sich als äußerst unangenehm heraus. Ausgerüstet mit einer Schutzbrille für die Augen und einer Essigmaske für die Atemwege, karrten wir das Ladegut auseinander, damit der Platz unter der Lukenöffnung stets frei blieb für die nachfolgenden Hieven. Wichtig war, die Ladefläche gleichmäßig auszufüllen und zu trimmen, so daß keine Schlagseite entstand und auf See nichts über Stag gehen konnte. Dieses »Auseinanderkarren« mit den unförmigen Transportbehältern war eine verfluchte Arbeit, die weder bezahlt noch mit einer Zusatzverpflegung oder sonstiger Vergünstigung bedacht wurde.

Immerhin benötigten wir eine volle Woche, bis die Ladung übernommen war. Während dieser Tage lebten wir mit dem Schwefel, wo man auch ging, wo man stand oder schlief, überall hatte man mit dem Kies und dem widerlichen, beißenden Staub zu tun. Am Schluß der Ladungsübernahme würden wir sicher längere Zeit brauchen, um unser Schiff wieder von dieser Pest zu befreien. Der in der Schiffahrt hinlänglich bekannte Satz: »Da wo es naß ist, da ist es auch sauber«, würde in diesem Fall bestimmt nicht ausreichen. Nur mit einem »Großreinschiff«, einem starken Wasserstrahl und mehreren harten Besen war wieder Ordnung zu schaffen.

Den Ballast aus Dublin hatten wir nicht gelöscht. Unter Umständen brauchten wir das Zeug später dringend für die Weiterreise nach Australien, denn ob wir ab Kapstadt neue Ladung bekommen würden, war sehr unsicher. Die jetzige Zuladung war also von der Menge her von vorneherein begrenzt, so daß 2000 Tonnen dieses Teufelszeugs ausreichten, um unseren maximalen Tiefgang zu erreichen. Einen Tiefgang, den die Lademarke gerade noch erlaubte und der als ideal für die vor uns liegende Segelei galt.

Von dem Staugeschäft hatten wir die Nase gründlich voll, und wir wünschten uns sehr, den Schwefelkies in Kapstadt nicht wieder herausholen zu müssen. Beim letzten Hafen-Törn-To gab uns Jule dann auch die erhoffte Zusicherung des Kapitäns bekannt, daß die Vorgänge von Ancona eine Ausnahme bleiben würden.

Als es endlich Zeit zum Auslaufen wurde, herrschte Hochstimmung unter der Besatzung, und nach Verlassen der Adria segelten wir mit westlichen Kursen dem Nord-Atlantik entgegen.

Einige Tage später, kurz vor dem Wachwechsel, konnte ich plötzlich ein Bein nicht mehr aufsetzen, am linken Schienbein hatte ich eine feurige Entzündung, die gefährlich aussah. Offenbar hatte ich mich bei irgendeiner Gelegenheit verletzt, und unbemerkt war Schwefelstaub in die kleine Wunde gekommen, so daß eine Infektion unter diesen Umständen nicht ausbleiben konnte. Es bildete sich eine Schwellung, die ständig größer und farbenfroher wurde und in kurzer Zeit so böse aussah, daß der Alte kurzerhand den Entschluß faßte, zu schneiden, um eine Blutvergiftung zu vermeiden. Starke schmerzlindernde

Tabletten oder gar Betäubungsmittel waren nicht an Bord. Die relativ kleine Medizinkiste enthielt nur einige harmlose Präparate, aber für größere, dringend notwendige Behandlungen stand nichts Entsprechendes zur Verfügung. So gut unser Schiff im seemännischen Bereich ausgerüstet war, so schlecht schien es um den Sektor der »Ersten Hilfe« bestellt zu sein. Für ernsthafte Verletzungen hatten wir weder einen Arzt noch wirkungsvolle Medikamente.

Ich wurde neben meiner Koje auf die lange Back gelegt, von vier starken Leuten festgehalten und unverzüglich begann der Alte seinen Versuch, mir seine chirurgischen Kenntnisse unter Beweis zu stellen. Es tat höllisch weh.

Über viele Tage hinweg blieb ich zum Nichtstun verdammt. Bei jeder Gelegenheit hielt ich die Wunde in die Sonne, um auf diese Weise den Heilungsprozeß zu fördern.

Komplikationen stellten sich nicht ein, es war, wenn auch mit primitivsten Mitteln, eine saubere Arbeit geleistet worden.

Nach 2 Wochen war ich wieder gesund. Endlich waren die faulen Tage vorbei und überaus froh nahm ich die Arbeit wieder auf.

Die bis dahin unterbrochene Ausbildung lief wieder an, und ein älterer Matrose übernahm es erneut, mir die wesentlichsten Konstruktionsmerkmale einer großen 4-Mast-Bark beizubringen.

Aber trotz meiner guten Vorbereitung brauchte ich relativ viel Zeit, die Fülle des Tauwerks kennenzulernen und der Takelage zuzuordnen. Leider stand für die Schulungsaufgaben immer nur die Nachtwache zur Verfügung, denn während des Tages hatte wegen des Arbeitsprogramms niemand Zeit dafür. Bei einem Segelmanöver mußte auch bei totaler Dunkelheit der richtige Tampen auf der Nagelbank herausgefunden werden, was mir im Anfang nicht leicht fiel, denn schließlich sah ich das gerade beschriebene Geitau immer nur irgendwo da oben in der

Finsternis verschwinden, und Bedienungsfehler durfte man sich in diesem Bereich nicht leisten.

Hinzu kam noch ein Mangel an Konzentration zu dieser ungewöhnlichen Zeit. Dafür sprach ich aber mit anderen Matrosen in diesen Tagen fast nur über Masten, Rahen und Funktionen von Takelage und Einrichtungen, so daß ich meine Wissenslücken schnell ausfüllen konnte.

Hin und wieder kam ich während der Nacht als zweiter Mann zum Ausguck auf die Back. Ich stand gern vorn, dort, wo der Steven das Wasser schnitt und das Schiff dem weiten Horizont entgegenfuhr.

Ausguckgehen war eine Sache der Gewissenhaftigkeit, und der Wachhabende mußte sich darauf verlassen können, alle Veränderungen prompt gemeldet zu bekommen. Dazu gehörte natürlich auch jedes aufkommende Licht, gleichgültig wie es aussah. Nachdem der Matrose es ausgesungen und vom Wachoffizier bestätigt bekommen hatte, nutzten wir die Gelegenheit, an Hand der Lichterführung Kurs und Geschwindigkeit des anderen Fahrzeugs zu schätzen und, wenn möglich, sogar die Größe zu bestimmen. Auch die Seestraßenordnung mit ihren Ausweichregeln kam dabei ins Spiel, aber ich war mir nicht sicher, ob wir alles richtig erkannten.

Jedenfalls wurde es nie langweilig, und wenn vom Ruderstand die Glasenglocke schlug, durfte ich mit der großen Schiffsglocke antworten.

In der praktischen Seemannschaft war ich im Wesentlichen mir selbst überlassen und mußte sehen, daß mir nichts verloren ging.

Vorn unter der Back bei den verschiedenen Ausrüstungslasten hatte der Kabelgattmann sein Revier, der für die Materialausgabe und für das Handwerkszeug verantwortlich war. Hier vorn ließ Jule auch spezielle Arbeiten wie zum Beispiel größere Tauwerk- und Drahtspleiße machen, und immer wenn in dieser

Gruppe etwas Neues angefangen wurde, kürzte ich meine Backschaftszeit um eine Stunde und sah den Arbeiten zu. Aus dem Zusehen wurden bald kleine Handreichungen, und dann machte ich meinen ersten kleinen Spleiß allein. So kam ich gut zurecht und konnte meine Vorkenntnisse von Finkenwerder weiter ausbauen.

So war ich ganz zufrieden mit meinem neuen Leben auf der »MAGDALENE«, wenn auch kleine Probleme nicht ausblieben. Was die jetzige Crew betraf, so war sie, von einzelnen Ausnahmen abgesehen, ganz verträglich und in Ordnung. Natürlich, ich sah weniger ihr fachliches Können als vielmehr ihre charakterlichen Eigenschaften. Dabei stand völlig außer Frage, daß ich mich nach der Decke zu strecken und mich zu bemühen hatte, mit der bestehenden Gemeinschaft klar zu kommen. Nicht nur in der Hierarchie an Bord dieses Schiffes, sondern auch in der Rangordnung innerhalb der Mannschaftsgrade war es an mir, die Hecklaterne zu halten. Das war eben so, und das zu begreifen, lehrte mich die eigene Erfahrung. Dieses »Sichhineinfindenmüssen« wurde durch kleine Ungerechtigkeiten erschwert, für die ich nicht immer Verständnis aufbrachte.

Nach einer schriftlichen Mitteilung der Reederei Vinnen & Co in Bremen hatte jedes neue Besatzungsmitglied für seine Erstausrüstung selbst zu sorgen. Das war allgemein üblich, und es gehörten dazu alle Dinge, die zur Befriedigung des täglichen Bedarfs an Bord unentbehrlich sind. Als besondere Erinnerung an zuhause hatte meine Mutter mir ein komplettes silbernes Eßbesteck eingepackt, das zu Hause nicht sehr oft benutzt wurde. Später, beim Spindeinräumen, legte ich die Teile in einen dafür vorgesehenen Kasten, um sie bei Gelegenheit zu gebrauchen. Ein Leichtmatrose der anderen Wache hatte mich zufällig beobachtet und sofort großen Gefallen an dem Besteck gefunden. Er wollte es unbedingt haben und forderte mich in scharfem Ton auf, das Besteck gegen sein eigenes unvollständiges, durch viele

Kratzer verunziertes, einzutauschen. Ganz bestimmt würde das gebrauchte Werkzeug für meine Bedürfnisse noch ausreichen, meinte er. Der »Tausch« sollte auch nur für die Zeit an Bord gelten. Die Situation war klar: hier bestimmte das Recht des Stärkeren. Trotzdem protestierte ich energisch gegen sein unverschämtes Benehmen. Da ich ihm aber allein gegenüberstand und keiner mir half, er mir aber auch noch Prügel androhte, verließ ich wortlos die Messe. Was sonst hätte ich machen können? Viel später, am Ende der Reise, konnte ich mein Eigentum wieder an mich nehmen.

Worüber ich mich ebenfalls immer wieder ärgerte, war die Tatsache, daß ich beim Essenfassen grundsätzlich als letzter an die Reihe kam. Mein Platz als Backschafter war zwar nicht weit von der Quelle entfernt, doch hauptsächlich hatte ich dafür zu sorgen, daß zunächst beide Wachen ohne Störung des Wachwechsels essen konnten. Wenn Tagelöhner und Wachen dann wie ausgehungert über die Backen herfielen und sich vollschlugen, waren wenige Augenblicke später die Schüsseln bis auf einen kleinen, winzigen Rest leer, und keiner dachte darüber nach, daß auch der Moses vom Kohldampf geplagt wurde. So mußte ich mich oft mit dem kläglichen Rest zufrieden geben, und mit den hin und wieder je nach Laune vom Koch spendierten kleinen Nachschlägen kam ich nicht weit.

Aber allzu lange dauerte diese Hungerstrecke nicht. Mein Selbsterhaltungstrieb erspähte eine Möglichkeit, im voraus eine reichliche Portion in Sicherheit zu bringen, und damit war die Situation grundlegend bereinigt. Die Frage der Quantität hatte ich somit geregelt, nur schade, daß ich auf die Qualität keinen Einfluß hatte.

Noch ein unangenehmes Erlebnis mißfiel mir sehr: Wie überall auf den Schiffen üblich, blieben auch bei uns alle Spinde unverschlossen, selbstverständlich auch die Privatspinde in den Mannschaftsunterkünften.

Nach einem Seetörn von ungefähr 10 Tagen stellte ich durch Zufall fest, daß der Rauchvorrat, den ich mir im Hafen aus zollfreier Ware zugelegt hatte, rapide abnahm. Nach längerem Beobachten meines Spindes fand ich heraus, daß einer der befahrenen Leichtmatrosen sich mehrmals täglich aus meinem Spind bediente. Das war zuviel! Empört stellte ich ihn zur Rede. Doch unbeeindruckt von meinen Beschuldigungen machte er seinerseits gelassen den Vorschlag, mich dafür an seinem Bestand zu beteiligen, sobald meiner aufgebraucht sei. Der sich hieraus für mich klar ergebende Vorteil sei leicht einzusehen, weil sein Rauchbestand erheblich größer sei und damit gut für beide reichen würde. Mein bißchen Zeugs reiche ohnehin nicht für die ganze Ausreise. Ich konnte seiner krausen Logik jedoch nicht folgen, lehnte entschieden ab und verschloß meinen Spind für die nächsten Tage. Wenig später vertraute man mir an, daß der saubere Kumpel überhaupt keinen Vorrat an Tabak und Zigaretten besaß, er hatte mich also glatt belogen. Wieder einmal hatte ich dazugelernt. Selbst auf einem Segler gab es also Leute, die versuchten, aus der Unerfahrenheit eines Greenhorns Kapital zu schlagen.

Rudergänger

Frühmorgens mit den ersten Sonnenstrahlen liefen wir auf den Hafen von Las Palmas zu, um Wasser und Proviant zu ergänzen. Wegen der kurzen Liegezeit von nur wenigen Stunden kam ein regulärer Landgang nicht in Frage, und da Stadt und Land von See aus einen sehr öden und wenig reizvollen Eindruck machten, hatte ohnehin keiner Lust, sich die Umgebung näher anzusehen.

Überraschenderweise erhielt ich vom 1. Offizier den Auftrag, mich schnellstens für die Begleitung des Kapitäns in die Stadt landfertig zu machen, um für ihn einige Packstücke von einem Schiffsausrüster an Bord zu schaffen. Schnell zog ich mich um und meldete mich im Salon. Warum allerdings gerade ich, der Schiffsjunge, mit dem Kapitän zusammen an Land gehen sollte, blieb mir unklar. Stolz marschierte ich mit ihm von Bord.

Wegen der Anmeldung des Schiffes ging es zunächst zur Hafenbehörde, dann weiter zu unserem in der Nähe wohnenden Agenten und schließlich, nachdem alle behördlichen Formalitäten erledigt waren, zu dem schon erwähnten Schiffshändler. Von ihm bekam ich die Pakete und einen Handkarren zum Abtransport.

Bei einem Obststand an der nächsten Ecke entdeckte ich große, ausgewachsene Bananenstauden. Ich zählte mein deutsches Hartgeld, das ich mir beim Vonbordgehen noch schnell eingesteckt hatte, und begann bei dem Händler ein Palaver über Preis und Wechselkurs. Schließlich wurden wir handelseinig, wenn auch der Verkauf zu diesem niedrigen Preis seinen Ruin bedeuten würde, wie er mir immer wieder mit einem gequälten Gesichtsausdruck versicherte.

Nun durfte ich keine Zeit mehr vertrödeln, und in schnellem Trab brachte ich meinen Kram rechtzeitig an Bord. Die Packstücke lieferte ich ab, ließ den Karren stehen, wo er war und hing mein Bananenprachtstück mit einigem Besitzerstolz im Versaufloch an geschützter Stelle auf. Obgleich ich sie grün gekauft hatte, reiften sie enorm schnell und meine Freunde und ich hatten alle Mühe, sie aufzuessen, bevor sie vergammelt waren, obschon sie uns großartig schmeckten!

Wir hatten wieder freies Wasser erreicht und standen wenige Seemeilen südöstlich der Kanarischen Inseln. Das Leuchtfeuer von Maspalomas wischte seinen Lichtstrahl deutlich erkennbar über den dunklen Horizont.

Es war eine jener Sommernächte, die für diese Breiten am Rande des Entstehungsgebietes der Passat-Winde so typisch sind. Ein warmer Wind mit geringer Luftfeuchtigkeit und ein strahlend klarer Sternenhimmel sorgten für eine gute Einstimmung auf den zu erwartenden lauen Passat, ein besseres Sonntagswetter konnte es kaum geben.

Auf der Hundewache, also der Wache von Mitternacht bis vier Uhr morgens, geschah es, daß ich völlig unerwartet während des Flötentörns vom 1. Offizier auf meine allgemeinen theoretischen Kenntnisse und auf mein Wissen im praktischen Gebrauch der Kompaßrose geprüft wurde. Ohne Schwierigkeit konnte ich alle seine Fragen beantworten, denn gerade die abgehörten Themen waren auf der Seemannsschule immer wieder gepaukt worden.

Offensichtlich war er mit dem Ergebnis zufrieden, so daß seine abschließende Bewertung – »Wenn man dir das auf der Schule an der Elbe beigebracht hat, dann ist das gar nicht mal so schlecht« – ganz positiv ausfiel. Im allgemeinen standen bei ihm

Ausbildungsstätten an Land in nicht sehr hohem Ansehen, schon öfter hatte er kritische Bemerkungen in dieser Richtung gemacht. Jule zog es eben vor, den Schiffsjungen unbelastet von irgendwelchen Schulungskursen an Bord zu bekommen.

Noch am gleichen Tage teilte mich der Chief-Matrose meiner Wache für den nächsten Törn ein. Endlich durfte ich ans Ruder. Ungeduldig wartete ich auf die hellen Töne der Glasen-Glocke und dann, bei vier Glas, war der ersehnte Augenblick da: ich konnte meinen Platz zwischen den beiden großen Speichenrädern der Ruderanlage einnehmen. Ich stand in Lee und folgte von hier aus hellwach den halblaut gegebenen Anordnungen des steuernden Matrosen, sorgsam darauf bedacht, den Steuerstrich am Kompaß nicht aus den Augen zu verlieren. Stockdunkel war es, die Sterne leuchteten in die Nacht, und nur das fahle Licht aus den Kompaßkuppeln ließ die Gesichter der beiden Rudergänger heller erscheinen. Schwach, beinahe schemenhaft waren die Segel vom Großtopp und die Stagsegel zum Kreuzmast zu erkennen. Das vereinzelte Knarren eines Blocks aus einem der Masten, dazu das leichte Rauschen der Bugwelle vom Steven her, blieben die einzigen Geräusche in dieser Nacht.

Der Wachoffizier, mal an der Luvseite, mal in Lee, richtete seine Aufmerksamkeit auf die See, auf Segel und Wind und nicht zuletzt auf den von uns zu steuernden Kurs. Hier durfte eine Toleranz von zwei Grad nicht überschritten werden, wir mußten also aufpassen.

Um im Augenblick den günstigsten Kurs zu halten, segelten wir »hart an de Wind«, denn diese Rahstellung erlaubte es, auch den letzten Fetzen Tuch anzubringen. Neben den Rahsegeln standen alle Stagsegel, Klüver und auch der Besantopp voll im Zeug; damit war alles, was wir setzen konnten, auch gesetzt worden, und hätte es geholfen, wir hätten unsere Taschentücher ebenfalls mit in den Wind gehalten. So rannten wir von Mast zu Mast und nutzten jede Möglichkeit, die Rahstellung durch Brassen, Trimmen und Stritschen zu verbessern, um den letzten Bruchteil einer Fahrtverbesserung herauszuholen.

Die alte Dame zeigte sich dankbar für unsere Mühe. Es war herrlich, sie so abrauschen zu sehen, und ein großer Glücksfall für mich, gerade bei diesem günstigen Wetter am Ruder zu stehen. Die See ging kurz bei einer leichten Dünung aus West, dennoch lag auf dem Rad ein fester Druck, und der Rudergänger erinnerte daran, die Speiche gut festzuhalten, während er den Ehrgeiz hatte, das Schiff zu segeln und so gut zu fahren, daß eine schnurgerade, phosphoreszierende Linie unseres Kielwassers als Beweis seines Könnens sichtbar wurde.

Mächtig stolz machte es mich, in der Nähe der Schiffsführung meinen Dienst zu tun, und ich dachte darüber nach, wie es wohl hier am Kartenhaus wäre, bei starkem Regen und rauher See mit der Verantwortung für einen exakt gesteuerten Kurs, oder sogar bei schwerem Sturm, wenn vier Mann am Ruder Mühe hatten, die Aufgabe zu meistern.

Mir war aufgefallen, daß der Kumpel am Ruder nicht nur den Kompaß beobachtete, sondern oft angestrengt in die Dunkelheit des oberen Großmastes sah und aus der Stellung des kaum erkennbaren Windflögels heraus die Ruderlage verbesserte. Also steuerte der Matrose nicht nur, sondern er segelte den großen Kasten selbständig durch die See, wenn auch nicht ohne Kontrolle des Wachhabenden. Eine beachtliche Leistung. Natürlich interessierte mich die Frage nach den Gesichtspunkten und Erfahrungswerten einer solchen Segelei, doch so sehr ich mich auch bemühte, eine plausible Erklärung war nicht zu finden. Zu gerne hätte ich ihn darum angesprochen, aber um nicht gleich beim ersten Brückendienst als ein Grünschnabel angesehen zu werden, der durch seine unpassenden Fragen dem Rudergänger auf den Nerv ging, ließ ich es bleiben.

Ganz abgesehen davon, durften auch unnütze Reden am Ruder

nicht geführt werden und kein Wachoffizier hätte jemals einen gemütlichen Plausch geduldet. Nur die Sicherheit des Schiffes war von Bedeutung, ihr hatte die absolute Aufmerksamkeit zu gelten, so daß sich eine Unterhaltung auf gegebene Ruder- und Segelkommandos oder auf Mitteilungen von gemachten Beobachtungen beschränkte.

Bei sechs Glasen kam die Ablösung, und die Herrlichkeit des nächtlichen Segelns hatte zunächst ein Ende. Der Rudergänger war ein fairer Kumpel, der es mir überließ, die Stunde an der kleinen Glasenglocke zu schlagen. Hell eilten die Töne übers Deck, und dumpf antwortete die große Glocke von der Back. Schade, viel zu schnell war die Zeit vergangen.

An einem Sonntagnachmittag mußte ich erneut zum Rudertörn aufziehen. Meine Hoffnung, wieder um die Backschaft herumzukommen, erfüllte sich nicht, denn der Chief meiner Wache, mit dem ich mich übrigens ausgezeichnet verstand, bemerkte meine Absicht, mich zu drücken. Ich solle man den zweiten Törn nehmen, so entschied er, da wäre dann noch eine Menge Zeit, um in aller Ruhe die Messe zu bearbeiten. Schade, natürlich wäre mir die erste Stunde lieber gewesen, doch Extrawünsche hielt man für niemanden bereit, und so hatte ich mich danach zu richten, was üblich war. Mit viel Routine brachte ich die Messearbeit hinter mich, zog mir schnell mein frisch gewaschenes Freiwachen-Päckchen an und hielt mich für die neue Übung bereit.

Auf den Segelschiffen war es damals üblich und für eine gute Besatzung außerdem selbstverständlich, beim Rudertörn auf der Brücke im tadellosen Anzug zu erscheinen. Für meine erste Unterrichtsstunde zog ich zum Beispiel meine weiße Hose, weißes Hemd und Tennisschuhe an, setzte mir als Sonnenschutz einen Seglerbibi auf den Kopf, und fertig war meine Kluft. Jeder ging, wie er es für richtig hielt, denn eine Uniform kannten wir nicht, aber sauber mußten die Sachen sein, und da wir jede

Woche einen Waschtag hatten und ohnehin alle darauf achteten, daß keiner von uns vergammelte, waren meine Päckchen in allerbestem Zustand.

Pünktlich bei vier Glasen war ich auf dem Hochdeck, auf dem jetzt ein anderer Matrose als erster Mann das Ruder führte. Meine zweite Stunde sollte eine Art Geschicklichkeitstest sein, der, von einigen kleinen Fehlern abgesehen, erfolgreich verlief, und ich hatte damit gute Aussichten, regelmäßig für einen der nächsten Törns aufgestellt zu werden.

Diese Arbeit lag mir, und ich hatte rasch begriffen, worauf es ankam. Nicht nur auf den Windflögel, sondern auch auf die Stellung der Segel und auf den ganz wichtigen Kompaßkurs hatte ich besonders zu achten, wenn keine Meile verschenkt und die zurückgelegte Distanz der letzten Wache weiterhin erreicht werden sollte.

Kein Wachoffizier war bereit, ein lasches Kurshalten zu akzeptieren, denn auch auf den Segelschiffen wurde großer Wert auf rationelles Fahren gelegt. Das aber war gar nicht so leicht.

Man hatte mir gezeigt, als ich versuchsweise allein und ohne Hilfe steuern sollte, wie die einzelnen Segel stehen mußten, um eine optimale Leistung zu erreichen und mir weiter erklärt, welche Bedeutung dem Windflögel zukam. Sehr aufmerksam hatte ich zugehört, hatte nach dieser intensiven Lektion das große Handruder übernommen und steuerte jetzt sehr konzentriert, immer darauf bedacht, mit peinlicher Genauigkeit alle erteilten Weisungen und Ratschläge zu befolgen. In den ersten Minuten, die ich mit der großen Steueranlage allein war, war ich ziemlich ängstlich, doch dann gab ich mir einen Ruck und bekam die Sache immer mehr in den Griff.

Der Großtopp stand mit seinen vom Wind prall gefüllten Segeln einer Pyramide gleich vor mir, und wenn ich feststellte, daß der Flögel an der Spitze dieses Topps mal etwas wegging, oder daß die Royal luvwärts stärker zu killen anfing, dann brachte ich das schnell mit ein paar Spaken wieder in Ordnung.

Also – es ging doch, und wie das ging. Ob die Matrosen immer nur angaben, wenn sie in der Messe von ihren Erlebnissen auf der Brücke erzählten? Jedenfalls war es meiner Meinung nach nicht schwer, bei gutem Wetter ein solches Schiff zu segeln, und da ich nun schon ungefähr 20 Minuten die »MAGDALENE« fuhr und von keiner Seite ein Einspruch kam, mußte meine Segelei in Ordnung sein. Donnerwetternocheinmal, was für ein toller Kerl war ich doch!

Doch plötzlich verließ Jule seinen Beobachtungsstand an der Luv-Reling und näherte sich ganz behutsam dem Ruderstand. Zunächst sah er mich bedeutungsvoll an, zeigte stumm auf den Kompaß und erkundigte sich dann betont freundlich, jedoch mit einem Funkeln in den Augen, nach dem anliegenden Kurs. Ach du liebe Zeit, der Kompaß, den hatte ich völlig vergessen. Himmel, Arsch und Zwirn – was war da passiert? Woher kam diese riesige Abweichung? Das konnte doch unmöglich mein Fehler sein, das durfte nicht sein, schließlich war ich doch tadellos gefahren, ohne jeden Protest des Wachhabenden.

Das laute Gelächter der vielen Zuschauer, die da so plötzlich wie bestellt auf dem Hochdeck herumstanden, wollte kein Ende nehmen. Auch Jule amüsierte sich über meine Fassungslosigkeit und machte mir nochmals mit großer Geduld den Unterschied zwischen bloßem Fahren und gutem Segeln klar. Der Wind war schuld an meiner Misere, denn gerade in den Minuten meines Rudertörns änderte er in unterschiedlichen Zeitabständen seine Richtung, schralte also weg, wobei ich langsam nachkam, ohne das geringste davon zu merken. »Voll halten« hieß eine der eindringlichen Instruktionen, und nur darauf fixiert, hatte ich den zu steuernden Kurs völlig vergessen.

Mit lauter Stimme befahl Jule: »Ein Matrose ans Ruder!« und »Ran an die Brassen, auf Kurs gehen!«

Das befohlene Manöver wäre ohne meinen Fehler zu vermeiden gewesen, und mit Sicherheit würde ich noch heftige Angriffe der Wache abzuwehren haben. Aber seltsamerweise blieb jede Attacke aus, es geschah nichts, auch geschimpft wurde nicht, und verärgert schien die Crew ebenfalls nicht zu sein. Im Gegenteil, ich hatte mehr den Eindruck, der Spaß war ihnen die Sache wert.

»Der Moses, der wär' zum Mond gesegelt, hätten wir nicht aufgepaßt«, solche und ähnliche Bemerkungen waren schon mal recht laut zu hören, aber sonst blieben die Seeleute fröhlich und nahmen die Mehrarbeit gelassen hin.

Ich meldete mich aber immer wieder für diese Aufgabe, hauptsächlich, wenn jemand ausfiel und ein Ersatz nicht sofort zur Verfügung stand. Die Brücke war und blieb mein liebstes Betätigungsfeld, und ich machte meine Sache von da an so gut, daß ich nie vorzeitig abgelöst werden mußte.

Unser Shanty Chor

Nach dem Auslaufen aus Las Palmas waren an allen Masten die Segelgarnituren ausgewechselt worden, um die strapazierfähige Nord-Atlantik-Beseglung vor der intensiven tropischen Sonnenbestrahlung zu schützen. Eine sogenannte Tropengarnitur wurde angeschlagen, ein Stell, das schon oft an den Rahen gewesen und nun nach vielen gesegelten Seemeilen von Sonne, Wind und Wetter stark ausgeblichen für die höheren Nord- und Süd-Breiten nicht mehr die notwendige Festigkeit besaß. Für die steten, nicht sehr kräftigen Passatwinde der tropischen Fahrgebiete reichten sie aber immer noch eine Weile aus, und zerriß dann aus irgendeinem Grunde wirklich einmal ein Segel, war das kein Malheur, es wurde ausgebessert oder bei zu starker Abnutzung heruntergenommen und endgültig für andere Bordzwecke verwendet.

Das Auswechseln fast aller Segel war natürlich auch eine Art »all hands«-Manöver und nicht in wenigen Stunden zu machen, aber wir sahen das nie als Plage, sondern eher als fröhliche Hatz, eine der wenigen und stets willkommenen Abwechslungen.

Der Segelmacher, der auf allen Seglern »Büdel« hieß, hatte während des Segelschifftens nicht nur in der Segellast – hier war er der Meister – sondern auch am Fuße der Masten auf den verschiedenen Decks alle Hände voll zu tun, und er sorgte dafür, daß in dem ausgelassenen Treiben die Ordnung nicht verloren ging. Nicht nur die Vielzahl der Segel war zu dirigieren, sondern auch Unterschiede in Maß und Schnitt zu kontrollieren – jedes Stück mußte an seinen bestimmten Platz, nur so war später ein richtiger Trimm gesichert.

Schon vor einer Woche hatte der Segelmacher mit den Vorbereitungen begonnen. In der Last und im Zwischendeck der Luke 3, hier hatte er während der Passatzeit seine Werkstatt eingerichtet, herrschte Hochbetrieb. Jedes Segel mußte geprüft, die Liken und Ösen ausgebessert oder erneuert werden, bevor die Stücke an Deck gingen.

Bei dem Arbeitstempo passierte es einmal, daß versehentlich die Kreuzunterbram und nicht die Vorobermars in den Fockmast gehievt wurde und wir den Irrtum erst merkten, als das Segel angenäht werden sollte. Also fierten wir das Tuch wieder runter, um es dort anzuschlagen, wo es hingehörte – ein ärgerliches Versehen, mehr nicht. Wie immer in solchen Fällen, war auch hier dem Alten die Fummelei nicht entgangen. Sehr ungehalten und mit verärgerter Miene kam er dem Fockmast näher, denn einwandfrei war hier durch unsere Nachlässigkeit ein Verlust an Arbeitszeit entstanden, der – seiner Meinung nach – letztlich die Reederei bares Geld kostete.

Mir schien dieses Problem sehr theoretisch zu sein, denn unsere ohnehin viel zu kleine Heuer konnte unmöglich eine Belastung für das Schiff sein. Der Moses bekam zum Beispiel 5 Mark, ein Matrose 50 Mark pro Monat, dagegen war aber von den Eltern an die Reederei ein relativ hoher Ausbildungsbeitrag zu zahlen, so daß von einem effektiven Verlust keine Rede sein konnte.

Jedenfalls mußte der Segelmacher wegen des fehlgeleiteten Segels ein Donnerwetter über sich ergehen lassen, das der aber nicht so ernst nahm. Wenn wir von der Wache aber geglaubt hatten, wir würden an der verpaßten Zigarre nicht beteiligt und kämen ungeschoren davon, so war das ein großer Irrtum, wie sich schnell herausstellte.

Der »Master next God« stand noch immer auf der Laufbrücke, sah von dort oben auf uns herab wie ein Pastor von der Kanzel und begann: »Der Büdel hat sich versehen, gut – das kann vorkommen! Ihr Butenlanners hättet aber gar nicht erst hochgehen dürfen mit dem Tuch, als erfahrene Segelschiffsmatrosen hättet ihr wissen müssen, daß so etwas nicht passen und unmöglich zum Fockmast gehören kann. Oder nehmt ihr alles, was da so kommt, ohne nähere Prüfung entgegen? Da euch das offensichtlich egal ist, was euch in die Hände kommt, ist das auch einwandfrei euer Fehler und nicht ein Versehen des Segelmachers, den ich von seinen Arbeiten in der Luke 3 kenne und von dem ich weiß, daß er ein verläßlicher Mann ist. Schließlich schneidet er mit mir zusammen die neuen Segel zu, und so weiß er auch, wo sie hinmüssen. Ihr müßt eben eure Gedanken dabei haben, Jungs, wenn das etwas werden soll. Logisch müßt ihr denken!«

»Witt« – rief er dem Ersten zu – »sehen Sie sich an, was hier passiert ist, und bringen Sie das in Ordnung!«

So in etwa sprach der Alte und schritt zufrieden davon, denn seine Welt war wieder in Ordnung und er hatte auch Gelegenheit gehabt, seinem Ersten eins auszuwischen.

Bei all diesem Abschlagen und Annähen der Segel, bei dem vielen Fieren und Hieven von Segeltuch, bei der Bedienung von Fall, Hals und Schot, bei all dieser Arbeit, die von der Crew verrichtet werden mußte, wurde unerwartet ein Shanty gesungen – das Arbeitslied der Segelschiffsleute. Zum ersten Mal kam es auf dieser Reise auf, und ich war froh, es zu hören.

Der Vorsänger, es war ein Leichtmatrose, sang seinen Song mit einer guten, kraftvollen Stimme, und beim Refrain der Arbeitsgruppe fiel ich begeistert mit ein. Es gab sie also doch noch, diese alten, traditionsreichen Seemannslieder, und auch auf den modernen Frachtsegelschiffen waren sie nicht in Vergessenheit geraten.

Natürlich war es nicht üblich, bei jeder Arbeit ein Shanty zu singen, aber beim Vorheißen von Obermars, Oberbram und Royal gehörte es einfach dazu, vor allem dann, wenn diese

Manöver wegen der sonst verlorenen Arbeitszeit auf die Nacht verlegt wurden. Einige Songs waren auch vom Text her auf ein ganz bestimmtes Ereignis festgelegt, wie zum Beispiel das Lied vom Gangspill, das eben nur beim Aufnehmen der Ankerkette gesungen wurde.

In den lauen Tropennächten klangen die Shanty besonders melodisch. Sie wurden dann von den Freitörns gesungen und von der Wache ebenso gern gehört. War dann als Begleitung noch eine Handharmonika vorhanden, blieben dem Seemann keine Wünsche mehr offen.

Sobald aber der Tiefwassersegler die gefahrvollen stürmischen Südbreiten erreicht hatte, wenn der Sturm der »Roaring forties« durch die Wanten heulte und die »Graubärte« das Schiff Tag und Nacht bedrängten, dann blieb das Shanty nicht mehr allein, dann gesellten sich kräftige Männerflüche hinzu als Ausdruck eines verbissenen Willens, sich gegen die Naturgewalt zu wehren. Ich liebte diese Lieder, sie hatten eine starke Aussagekraft und waren, wenn man einmal von den Chören an Land absieht, nur auf Segelschiffen zu hören. Schon aus diesem Grunde befaßte ich mich mit Texten und Melodien und übte so lange auf meinem Schifferklavier, bis ich sie einigermaßen fehlerlos spielen konnte.

Auf der Luke 2, einem beliebten Freizeitplatz, saßen wir oft zusammen und erzählten, sangen und spielten. Das Shanty kam als eine gute Ergänzung hinzu. Auf See wurde auf den sonst noch vorhandenen Instrumenten nicht oft gespielt aus Sorge, sie könnten durch die hohe Luftfeuchtigkeit Schaden nehmen. Meinem Quetschkasten machten Temperaturunterschiede und feuchte Luft allerdings nichts aus, und wenn zwischendurch einmal heisere Töne herausgepreßt wurden, war es immer meine Schuld.

Ein Leichtmatrose der Steuerbord-Wache war besonders musikalisch und so stellte er bald eine Gesangsgruppe zusammen mit dem Schifferklavier als Mittelpunkt. Die Sänger kamen mit viel Übungseifer während der Freiwache unter der Back zusammen, aber dieser Platz in der Nähe des Ankerspills war denkbar ungünstig und nur eine Notlösung. Der 1. Offizier wollte keinen anderen Teil des Vordecks zur Verfügung stellen, denn seiner Meinung nach würde der Wachhabende zu sehr gestört und überhaupt, die dauernde Singerei wurde dem Jule sowieso zu viel. Vorläufig mußten wir mit unserem Platz zufrieden sein. Wir waren zu begeistert, als daß wir von unserem Vorhaben so schnell gelassen hätten. Mit der Zeit und von unserem Eifer doch insgeheim angetan, ließ er sich umstimmen, und wir durften schließlich überall auf dem Vorschiff unsere Singstunde abhalten. Ja, er begann eines Tages sogar unsere Pläne dadurch zu fördern, daß er alte Shantytexte und vereinzelt auch entsprechende Melodien zur Verfügung stellte. Es waren Lieder, die damals in seiner Matrosenzeit auf den Segelschiffen gesungen wurden, zu einer Zeit, als eiserne Matrosen noch auf den Planken hölzerner Schiffe fuhren, als Not und Gefahr noch unvergleichlich größer waren als heute auf den besser ausgerüsteten und wohl auch umsichtiger geführten Seglern.

Als sich dann nach relativ kurzer Zeit Fortschritte bei unserem Singen einstellten, bestand Jule sogar darauf, einige Übungen in den Messeraum zu verlegen – wegen der veränderten Akustik, wie er treffend meinte.

Auch die Mittschiffsgäste zeigten später großes Interesse, und der zweite Steuermann sang selbst hin und wieder kräftig mit. Auch der Alte kam über die Laufbrücke nach vorn, um zuzuhören. Doch er blieb in dieser Sache ein Skeptiker und mit Jule war er da ganz einer Meinung: »dor kümmt nie veel bi rut!«

Die Mallungen

Schwere, dunkle Wolken bedeckten den Himmel, und seit einigen Stunden regnete es ununterbrochen wie aus Kübeln. Eine diesige, fast neblige Sicht, die sich zeitweilig sogar bedenklich dem Nullpunkt näherte, erforderte alle Aufmerksamkeit. Vor Stunden bereits war der Ausguck auf der Back mit einem Doppelposten besetzt worden.

Nebelsignale ertönten, wodurch wir uns immer wieder bemerkbar machten. Man sollte uns hören und rechtzeitig als Segelschiff erkennen. Lange Töne, in gleichmäßigen Abständen von unserer kläglichen, handbetriebenen Nebelmaschine gegeben, drangen krächzend durch den Dunst, um zu signalisieren: Hier ist ein Segler mit raumem Wind achterlicher als dwars, der in seiner Manövrierfähigkeit stark behindert ist. Paßt auf, damit ihr ihn nicht überlauft!

Unser Schiff machte so gut wie keine Fahrt. Träge dümpelte es in der langen abgeflachten Atlantik-Dünung, die Segel hingen naß und schlaff an der Rah, die Luft war von klebriger Schwüle und unangenehm zu ertragen, dazu das unaufhaltsame Rauschen eines heftigen Regens.

Dieser Kalmengürtel, ein Gürtel widriger Winde, der im Grunde von allen Seglern gefürchtet ist, ist je nach Jahreszeit auf unterschiedlichen Positionen anzutreffen: in der Regel von 2° bis etwa 5° nördlicher Breite, dort also, wo der Nordost-Passat auf den Südost-Passat trifft, im Gebiet des westlichen Nordatlantiks. Diese Winde zeigen sich leider in der Region sehr oft als absolute Flauten, in denen es zu übermäßig starken Regenfällen kommt und wo es der Mannschaft trotz verzweifelter Schufterei an der

Takelage nicht gelingt, dem Schiff auch nur die geringste Fahrt zu geben.

Unser Kapitän hatte auf dieser Reise die Mallungen allerdings gesucht oder vielmehr suchen müssen, denn ein Teil unseres Frischwassers war seit einigen Tagen nicht mehr in Ordnung. Bereits an der Randzone des Gebietes war der Kurs so abgesteckt worden, daß wir auf jeden Fall in die tropischen Regenfälle hineinkommen mußten, denn Flauten ohne jeden Regen waren in diesen Gebieten sehr selten.

Im letzten Hafen hatten wir auch die Deck-Tanks mit frischem klarem Wasser nachgefüllt bekommen, doch als es gebraucht werden sollte, stank es wie Jauche. Wir mußten die Brühe sofort ablaufen lassen.

Irgendwo war da Murks passiert, ganz offensichtlich eine Nachlässigkeit der Werft, die es bei der Reinigung der Tanks versäumt hatte, die Innenwände der Behälter als Schutz vor Rostzusätzen mit dickflüssigem Zement zu bestreichen. Inzwischen hatten wir das selbst gemacht und damit die Ursache der Panne beseitigt. Was wir jetzt dringend brauchten war entweder frisches Quellwasser, das auf See leider nicht zu haben ist, oder aber gutes klares Regenwasser, um wenigstens eine ausreichende Menge für Körper- und Zeugwäsche bis zum nächsten Hafen zur Verfügung zu haben.

Unser Trinkwasser war im Gegensatz zum Frischwasser in Ordnung und der Haupttank im Vorschiff noch gut gefüllt, doch dieses kostbare Naß war dem Verbrauch in der Kombüse vorbehalten und darüber hinaus zum Trinken für die Besatzung bestimmt. Bei länger dauernden Reisen wurde der Trinkwasserverbrauch erheblich eingeschränkt und nicht selten in genau festgelegten Rationen ausgegeben. So teilten sich z. B. zwei Personen pro Tag den Inhalt einer Pütz, die ungefähr 10 Liter faßte. Diese Menge mußte für die Kombüse, zum Trinken und für die Zahnpflege reichen.

Trotz der Widrigkeiten dieser Mallungen konnte die Stimmung an Bord nicht besser sein, denn wir hofften, mit Neptuns Hilfe voranzukommen und in zwei bis drei Tagen den Kalmengürtel zu durchfahren. Außerdem war Wasserfangen ein Vergnügen, eine willkommene Abwechslung im täglichen Einerlei. Rein technisch waren hierfür auch keine großen Vorbereitungen zu treffen. Das Hochdeck mußte natürlich vorher gründlich gesäubert und poliert werden und die auf diesem Deck eingelassenen Speigatten mit passenden Holzklötzen dichtgemacht werden. Danach dauerte es keine 20 Minuten, und der Wassergraben war so gefüllt, daß bequem mit allen vorhandenen Pützen die betreffenden Tanks bis an den Rand gefüllt werden konnten. Während des Wasserfangens ruhte die sonstige Arbeit am Schiff. Das Fassen des frischen Naß hatte uneingeschränkten Vorrang und glich damit einem »all hands«-Manöver besonderer Art.

Die aufzufüllenden Behälter waren natürlich aus Gründen der Zweckmäßigkeit und der Raumausnutzung auf den verschiedenen Decks verteilt, und auf dem Hin- und Rückweg wurde die Möglichkeit, albernen Blödsinn zu machen, mit vollen Eimern zu spielen und zu plantschen, reichlich genutzt.

Unser Alter wunderte sich über unsere ausgelassenen Kindereien, an denen wir einen Riesenspaß hatten. Er ließ uns aber das Vergnügen. Wenn ihm auch das Verständnis für unsere Blödeleien völlig abging, ein Spielverderber wollte er nicht sein.

Nach etwa einer Stunde war es geschafft: alle Tanks waren mit herrlichem Wasser gefüllt und damit der Bedarf für den weiteren Teil der Reise gedeckt.

Durchnäßt und von der tropischen Schwüle durchgeschwitzt, hatten wir eins unserer Probleme gelöst. Nun galt es, auch die zweite Schwierigkeit in den Griff zu bekommen.

Also her mit dem Wind, und wieder begann die Schufterei. Brassen, alle Toppen brassen, immer wieder brassen, jede kleine Mütze voll Wind mußte genutzt werden. Hals und Schot kamen in dieser Nacht nicht zur Ruhe.

Der ganz frühe Morgen brachte uns den ersten leichten, noch sehr unsteten Wind, der sich noch recht unlustig mit den nassen Segeln beschäftigte, dem Schiff aber doch eine zaghafte Vorausbewegung verschaffte.

Dann, nach einigen Stunden, ließ der Regen nach, die Sicht wurde besser, und aus dem trägen Wind entwickelte sich langsam eine stetige Brise aus südöstlicher Richtung.

Endlich, wir hatten den Passat geschafft!

Laut das Kommando: »Rudergänger auf Kurs gehen! Freiwache unter Deck!«

Die »MAGDALENE« hatte wieder Fahrt aufgenommen, ihr Kielwasser verlor sich in der Weite des Horizonts.

Die Äquator-Taufe

Nachdem die Kalmen hinter uns lagen, waren die letzten Breitengrade bis zum Äquator bei sanfter Brise in wenigen Tagen geschafft.

Während dieser Zeit trafen sich einige Matrosen der Wachen im Logies, um Pläne für die bevorstehende Äquatortaufe zu besprechen, während sich andere Spezialisten unter der Back beim Kabelgatt zusammenfanden und dort eifrig mit Segeltuch, Tauwerk und Farbe herumhantierten.

Es war trotz dieser Vorbereitungen noch fraglich, ob bei den wenigen Anwärtern überhaupt eine Taufe veranstaltet werden sollte, denn der Aufwand war beträchtlich und lohnte sich für die paar Leute kaum. Aber die ganze Sache auf die nächste Reise zu verschieben, fand nicht die Zustimmung der Altbefahrenen, denen die Erhaltung alter Segelschiffstradition wichtiger war. Und als der Kapitän, den die Chief-Matrosen um seinen Rat gebeten hatten, sich für die Taufe auf dieser Reise aussprach und er außerdem zur Abrundung des Festes einen eigenen Programmteil beisteuern wollte, freute ich mich sehr auf die kommenden Tage.

Bereits am nächsten Vormittag hatte ich mich in bester Ruderkluft beim Alten zu melden, und zwar sofort und schnell, wie immer, wenn man das Hochdeck ansteuern mußte. Also rein in den Dress und ab.

Der Kapitän oder in diesem Augenblick wohl besser »The Master next God« lief an der Luvseite auf und ab und war, so hoffte ich, bei guter Laune.

Er sah mich kommen, beorderte mich gleich in das Kartenhaus

und zeigte mir dort anhand der Seekarte und der letzten einge-
tragenen Mittagsbreite, daß ein Passieren des Äquators unmittelbar bevorstand.

Wenn auch seine Worte sehr bestimmt klangen, so hatte ich doch
einige Zweifel an der Richtigkeit seiner Darlegung, hielt es aber
für klüger zu schweigen und stellte hierüber meine eigenen
Überlegungen an. Denn wenn ich bedachte, was alles in den
letzten Tagen gewesen war, mußten wir die Linie bereits einen
Tag vorher, also am Freitag, passiert haben. Jetzt hatten wir
schon Sonnabend. Ob da die Positionsangabe unseres Alten
stimmte? Oder waren die Beziehungen der Segelschiffskapitäne
zu den Göttern der Meere so gut, daß für besondere Ereignisse
auf den Schiffen grundsätzlich ein Tag mit dem geringsten
Arbeitszeitverlust ausgehandelt wurde?

Erstaunlich, was so ein Master alles erreichen konnte, nun hatte
er schon wieder einen vollen Arbeitstag gerettet.

Ich konnte meinen Gedanken aber nicht lange nachhängen,
denn wegen der Linienüberquerung wurde mir eine wichtige
Aufgabe erteilt. Jetzt und sofort sollte ich in den Vortopp aufen-
tern und den Äquator, der sich hier als Endlostampen zeigte, im
geeigneten Augenblick so weit anheben, daß wir ihn mit unserem
Segler ohne Behinderung durchfahren könnten. Ich sollte ein
entsprechendes Signal mit der Triller-Pfeife bekommen, wenn
der genaue Zeitpunkt gekommen war. Bis dahin sollte ich in
Wartestellung bleiben, wofür sich die Royal bestens eignete.

Ich enterte also so schnell es nur ging hoch.

Das kleine Rack der Rah diente mir als Sitzgelegenheit, und
irgendwo hielt ich mich fest. Auf dieser Station trennten mich
gute 50 Meter vom Hauptdeck, aber an diese Höhe war ich
inzwischen gewöhnt.

Mein Platz war recht bequem, und so fand ich die Angelegenheit
am Anfang ganz spaßig, doch als es dauerte und die Zeit immer
länger wurde, kam ich mir bald ziemlich blöd vor. Endlich, nach

64

mehr als einer Stunde, durfte ich niederentern. Die Linie sei doch sehr viel höher als erwartet und problemlos zu passieren gewesen, sagte man mir. Ich nahm die Sache mit Humor, es war eben ein Spaß.

Es kam der nächste Abend, der Rudergänger hatte acht Glas geschlagen und die neue Seewache vor wenigen Augenblicken Ruder und Ausguck übernommen, als ich auf ein von Außenbords kommendes, hohl klingendes Rufen aufmerksam wurde. Einige Matrosen liefen zum Vorschiff, denn ganz offensichtlich hatten auch sie die Geräusche gehört und brachten eilig eine Lotsenleiter an der Luvseite über die Reling. Aus der Nähe des Ankerspills unter der Back war Lärm und viel Gepolter zu hören, als käme ein Boot mit einigen Leuten längsseits.

Ohne daß mir in der allgemeinen Unruhe auf dem Vorschiff etwas aufgefallen wäre, stand plötzlich auf der Nagelbank eine etwas abenteuerlich aussehende Gestalt, die mit einer energischen Armbewegung Ruhe forderte. Nach meiner Einschätzung, und ich konnte die Szene aus meiner Sicht gut beobachten, konnte es sich bei dieser Figur nur um den Triton handeln, der soeben mit seinem Segelboot längsseit und über die Lotsentreppe an Bord gekommen sein mußte. Sehr überzeugt von der Wichtigkeit seiner Mission, befahl er mit lauter Stimme den in der Nähe stehenden Matrosen, ihn sofort zum Kapitän zu führen, dem er als Abgesandter Neptuns eine wichtige Nachricht zu überbringen habe.

Dem Wachoffizier war das Spektakel natürlich nicht entgangen. Er lief zum Fockmast und begrüßte Triton wie einen alten Bekannten. Respektvoll zeigte er ihm den Weg zum Kartenhaus. Damit war zunächst das Schauspiel für uns Täuflinge zu Ende. Mit großer Eile wurden wir in den völlig abgedunkelten Messeraum bugsiert, denn Triton duldete vor der Taufe keine Ungereinigten in seiner Nähe. Nur bereits Getaufte durften die Ober-

decks betreten, und da man uns festhielt, konnte die Besuchsze-
remonie ungestört ablaufen.

Triton erreichte also sehr bald Kartenhaus und Ruderstand, wo
der Kapitän und die versammelten Offiziere mit erwartungsvol-
len Mienen seiner Botschaft entgegensahen, wie uns später
berichtet wurde.
Von Neptun, seinem Dienstherrn, sei ihm höchstpersönlich
aufgetragen, so begann Triton in würdevoller Pose, den Kapitän
dieses Schiffes darauf aufmerksam zu machen, daß am folgenden
Tage die Linie erreicht sei, sofern Kurs und Geschwindigkeit
beibehalten würden. Wie dem Kapitän weiter bekannt sein
dürfte, fuhr er fort, befänden sich bei ihm an Bord Menschen,
denen noch der Staub der nördlichen Halbkugel anhafte, die also
nicht so ohne weiteres in die südliche Hemisphäre überwechseln
könnten. Außerdem sei er ausdrücklich gebeten worden, an die
Ausgesparten der letzten Reise zu erinnern, die damals durch
eine huldvolle Sondergenehmigung die Linie ohne Taufe passiert
hatten. Wenn auch die südlichen Meere keinen Schaden genommen hätten, so könne nach dem Willen Neptuns ein weiterer
Reinigungsaufschub nicht mehr genehmigt werden. Aus den
genannten Gründen ließe der Beherrscher der Meere den Kapitän bitten, seine Anordnungen für eine Reinigungsprozedur zu
treffen, die dann am nächsten Tag durchzuführen sei.
Der Master erklärte sich mit allem einverstanden, so daß Triton
seinen Auftrag als erfüllt ansah und das Schiff über die Leiter
wieder verließ. Das war genau der Moment, an dem wir Täuflinge die Dunkelkammer verlassen mußten und im Gänsemarsch
auf die Poop geführt wurden, um von hier aus dem im Dämmer-
licht davonsegelnden Triton so lange ein lautes Lebewohl nach-
zurufen, bis von seinem Gefährt nichts mehr zu sehen war.
Eine mit brennenden Teertampen und Schiemannsgarn vollge-
stopfte kleine Kiste, die ein Matrose am Heck über Bord gewor-

fen hatte und die nun langsam qualmend achteraus trieb, sollte die Illusion eines abfahrenden Bootes hervorrufen. Es verging aber mehr als eine Stunde, bis das unruhig flackernde Feuer endgültig unter der Kimm verschwand, und diese übermäßig in die Länge gezogene Prozedur verdarb uns gründlich die gute Laune, die schließlich dahinschmolz wie Butter in der Tropensonne.

Doch der Kapitän glich das schnell aus und offerierte uns Täuflingen als Einstimmung auf das festliche Ereignis für die nächsten 24 Stunden eine Befreiung vom Wachdienst, so daß überraschenderweise noch eine Freinacht dabei herauskam. Das Stimmungsbarometer stieg augenblicklich wieder, und selbst die heiser gewordenen Stimmbänder beruhigten sich.

Am Sonntagmorgen wurden wir unmittelbar nach dem Purren und ohne jedes Frühstück, nur mit einer knappen, selbstgeschneiderten Segeltuchhose bekleidet, im Lokus eingeschlossen, den man während der letzten 24 Stunden weder gesäubert noch gelüftet hatte. Nach Meinung der Altbefahrenen war gerade dieser Ort für die intensive Selbstbesinnung besonders geeignet. Die Kandidaten sollten ja gut vorbereitet und geläutert in die Taufe gehen.

Nach anfänglichen Schwierigkeiten machte mir der etwa eine Stunde dauernde Aufenthalt nicht mehr viel aus, denn schon seit Tagen hatte ich mir eisern vorgenommen, allen groben Späßen zum Trotz, Ruhe zu bewahren und Gelassenheit zu demonstrieren.

Wir Täuflinge warteten bereits auf dem Hochdeck, als wenig später die Schiffsglocke mit dumpf dröhnenden Schlägen die Ankunft Neptuns und seines Gefolges ankündigte. Das Gefühl, für die nächsten Stunden in jeder Weise absoluter Mittelpunkt zu sein, versetzte mich in eine erwartungsvolle Hochstimmung. Aus der Tiefe des Kabelgattes erschien nach und nach eine

fantasievoll ausgestattete Gesellschaft, die gemessenen, würde-
vollen Schrittes auf die Backbordseite des Hochdecks zuging.
Der Kapitän, umgeben von seinen Steuerleuten, empfing den
gesamten »Hofstaat« freundlich aufgeschlossen. Gern nahm er
die guten Wünsche Neptuns, man möge immer ausreichende
Wassertiefe unter dem Kiel des Schiffes haben, entgegen und ließ
in seiner Antwort den hohen Besucher wissen, daß alle Täuflinge
geläutert zur Verfügung des Königs der Meere stünden.
Nach Beendigung dieser Förmlichkeiten hielt der Zeremonienmeister eine launige Ansprache, in der er zunächst grobspaßige
Spottverse an die Adresse der Schiffsleitung abschoß und den
Betroffenen dann am Schluß, sozusagen als Trostpflaster für
gesagte Wahrheiten, kleine, selbsthergestellte Geschenke über-
reichte.
So bekam z. B. der Alte einen Blumentopfspaten für seinen
kleinen Garten auf der Poop, Jule erhielt ein kleines Bild für seine
triste Kammer, und der 2. Offizier eine handgeschnitzte Holzpütz.
Diese kleine Holzpütz hatte eine besondere Bedeutung, und im
Spottlied hieß es so:

> »In Gedanken ganz versunken
> sitzt der zweite Offizier
> denn von oben hat's gewunken
> Wasser, Wasser sparen wir.
> Und nun heißt es dividieren
> Handgelenk geteilt durch Phi
> auch muß man dann noch subtrahieren
> doch grau ist alle Theorie.
> Nur die Praxis ist die Stütze
> denn 10 Liter ist der Part
> acht sind aber nur in der Pütze
> und so hat man zwei gespart.«

Nach Überreichung der Gastgeschenke wurde es Zeit, Neptun
und sein Gefolge den Teilnehmern vorzustellen, was wieder der
Zeremonienmeister mit nachfolgenden Versen übernahm:

»Aus des Kabelgattes tiefsten Tiefen
kommen wir, Euch zu begrüßen.

Hier seht Ihr Neptun, seine Majestät
seine Gattin, die holde Jungfrau
Thetis, die neben ihm steht.

Dieser Herr ist der Pastor,
sein Gewand stellt dieses vor,
mit dem Kreuz und mit den Bibeln
wird er Euch sehr bald zwiebeln.

Dieser Herr, man sieht's ihm an,
nur Medizinalrat sein er kann,
seine Pillen, Ihr werdets sehn,
sind schärfer als die des Herrn Kapitän.

Astronom ist jener dort,
er bestimmt den naut'schen Ort,
wird Euch sehen lassen gerne
durch das Glas die weite Ferne.

Um Euch von dem Dreck zu reinigen,
wird sich jener Herr beschleunigen.
Neptun's eigener Hoffriseur
wird Euch salben mit Odeur.

Polizei und Schutzeshorte
nennt man jene Männer dorte,

ihr Dienst ist zwar kein leichter,
doch Euch zu zwiebeln reicht er.

Seht die Neger, dort die Strammen,
jedem muß der Anblick bangen,
extra nur um Euch zu taufen,
kommen sie hierher gelaufen
aus den afrikan'schen Dschungeln,
dort wo alle Affen schunkeln.

Alles was ich hier zu sagen hatte,
brachte eine tiefere Macht zu Tage.

Es kommt aus Poseidons göttlichen Schlunden,
was wir Euch hier verkunden.

Der Gottheit darf man nichts verübeln,
auch wenn es Spottreden goß in Kübeln.

Hiermit habe ich genug gesagt,
drum also jetzt die Taufe tagt.«

Damit hatte er den weiteren Ablauf an den Pastor freigegeben,
und dieser war inzwischen auf das höher gelegene Peildeck
gestiegen, um von dort aus seine Predigt zu halten:

»Im Namen Neptuns und seiner Tritonen!
Wir beginnen unsere Taufe mit dem Liede No. 60 im Gesang-
buch Neptuns an die Seefahrer, und zwar den ersten Vers.
Die Worte, die wir unserer heutigen Betrachtung zu Grunde
legen, finden wir aufgezeichnet im siebten Buche Neptuns an
die Seefahrer, wo es im dritten Etmal vom zweiten Breitengrade bis zum Äquator also lautet:

Einem neuen Erdteil werdet Ihr entgegenschwitzen! Kannibalen sollt Ihr schauen, welche täglich vier Pfund Kienruß fressen und zwölf Liter Tinte saufen. Eure Visagen werden andere Menschen und Tiere sehen. In des Urwalds Dickicht werden Euch Riesenklapperschlangen entgegenschnellen, die vorn schon nicht mehr hören können, wenn sie hinten klappern.

Eure Riechhaken werden sich erweitern und süße tropische Lüfte schnuppern.

Also werdet Ihr Anteil haben, ohne Furcht und Gefahr, die gräßlich schönen Naturwunder zu schauen, nachdem man Euch von den Schlacken und dem Dreck der nördlichen Halbkugel gereinigt hat, und Ihr so geläutert in die südliche Hälfte segelt.

Apis Dimitrino!

Salem Aleikum!

Meine geliebten, Neptuns andächtig trockene Zuhörer!

Es war vor vierhundert Jahren, als ein kühner Seefahrer der Menschheit einen neuen Weg eröffnete.

Und siehe – es fuhren ihm viele nach! Das Meer trug Schiffe hinüber und herüber. Als der Mensch kühner wurde und weiter und immer weiter vordrang und die Linie, welche man Äquator nennt, passieren wollte, siehe, da trat ihm Neptun in seiner ganzen Herrlichkeit entgegen und sprach zu ihm:

Was unterstehst Du Dich, Mensch, geborener Sterblicher der nördlichen Erdhälfte?

Hab ich Dir nicht gezeigt der Wege viele, die Dich zu Ehre und Reichtum führen?

Wie kannst Du es da wagen, behaftet mit der Schlacke der nördlichen Hälfte, in meines Reiches Südhälfte vorzudringen?!

Meine lieben, trockenen Hodgas!

Die Worte sagen es uns, solche geschrieben stehen im Textge-
kritzel, wo es also lautet: Dir sollen die Pforten meines Reiches
geöffnet sein, wenn Du gereinigt vor mir stehst. Womit gesagt
wird – auch Neptun wollte die Reinigung!
So versammelt er auch heute seine Getreuen an diesem Ort,
um die große Linientaufe zu vollziehen.
Hier, meine Lieben, steht er vor Euch. Euer Eigensinn wird
Euch nichts helfen, denn ein Wort Neptuns, und diese Konstabler werden Euch zwingen. Ein Wink von seiner Hand,
und diese Neger strecken ihre Klauen nach Euch aus, daß
Euch Hören und Sehen vergeht.
Sollte aber doch jemand unter Euch sein, der sich versteckt
auf dem äußersten Ende der Logge oder in der tiefsten Bilge,
so wird er doch gefunden werden.
Und wenn die Konstabler ihn dann fassen, wird er rasiert
werden, barbiert, Haare geschnitten, Zähne gezogen, ge-
schunden und verhunzelt fürchterlich, getauft werden neun-
mal, so daß sein wird Heulen und Zähneklappern bis ans
Ende des Windflögels.
Drum, meine Lieben,
als erste Stütze des Meeresgottes sage ich Euch: unterwerft
Euch alle der Linientaufe! Fort mit dem Schmutz, fort mit
dem strupppigen Bart! Wasser, immer wieder Wasser laßt
Euch über Eure Brummschädel laufen, denn es steht geschrieben im 14ten Psalm Tritons an seine Hodgas:
Wahrlich, wahrlich ich sage Euch, eher soll ein Dreimastscho-
ner auf den Mond segeln, oder eine Wanze über eine frisch
geteerte Persenning kriechen, ehe ein Sterblicher ungetauft
und unrasiert die Linie passiert.
Reinlichkeit ist das halbe Leben, und wer voller Dreck sitzt,
bleibt kleben!
Nicht nur der äußere, nein, auch der innere Schmutz wird von
Euch genommen werden. Ausgetrieben der Teufel des Hoch-

muts, der Falschheit, der Faulheit und der Gefräßigkeit.
Diesen Satanskindern soll die Macht Neptuns gezeigt werden.
Nur der steht rein vor Neptun, der in der brausenden Dusche
des Taufbeckens gebadet ist.
Nur der wird die Huld Neptuns empfangen, der sich in jeder
Weise der Taufe unterworfen hat, und all denen rufe ich die
Verheißungsworte zu:
Und ich will den Täufling schützen, daß ihm die Ungeheuer
des Meeres kein Leid antun, und sein Fuß nicht strauchelt an
verborgenen Klippen.
Es steht ferner geschrieben:
So jemand, der nicht getauft ist, über Bord fällt und nicht
wieder geholt wird, der muß elendig versaufen. So er aber
getauft ist und fällt dann über Bord und wird wieder geholt, so
ist er gerettet!
Gelobt sei Neptun!
Salem Aleikum!
Mache der Besatzung noch bekannt, daß wir drei
Täuflinge haben.
Empfanget nun den Segen Neptuns:
Neptun taufe und beschütze Euch
sein Hofbarbier rasiere und tyrannisiere Euch
Neptun hetze seinen Arzt auf Euch
und gebe Euch Pillen.
Lela!«

Die Predigt war beendet, Konstabler und Neger überzeugten
sich, daß von den Delinquenten keiner entwischt war und eskor-
tierten anschließend den kleinen Haufen zum Vordeck in die
Nähe der Luke zwei.
Den Raum um die erwähnte Luke zwei, sonst Treffpunkt bei
Pausen und Freizeitbeschäftigungen, hatte man zum Schauplatz
der Taufzeremonie umfunktioniert. Auf der Lukenabdeckung

und beiderseits des Sülls sah man die verschiedenen Stationen mit den entsprechenden Gerätschaften aufgebaut, die alle Täuflinge nacheinander zu durchlaufen hatten. Kreuz und quer, zwischen Pardunen und Stage und rund um das Geviert hingen Signal- und auch Nationalflaggen, die dem Ganzen ein buntes, dekoratives Aussehen gaben. Segelmacherbänke und ein Kapitänsstuhl standen für die Zuschauer auf der Laufbrücke bereit, damit sie bequem den erhofften Gladiatorenkämpfen zusehen konnten.

Kaum am Punkt »Start und Ziel« angekommen, ertönte das vereinbarte Signal und der Zinnober begann. Der Zeremonienmeister rief nun meinen Namen auf, kontrollierte zunächst noch einmal die vom Kapitän übergebene Kandidatenliste und verwies mich dann an den Astronomen, der die erste Funktion des nun beginnenden Rundlaufs erfüllte. Schicksalergeben trat ich vor.

Dieser Astronom war sich seiner Bedeutung voll bewußt und erledigte seine Aufgaben pedantisch genau. Bemerkenswert war seine gelungene Kostümierung, die ganz besonders seine Verantwortung in diesem Amt unterstrich. Übereifrig bemühte er sich, anhand von Logarithmentafeln, nautischen Jahrbüchern und Deutungen der Tierkreiszeichen zu beweisen, daß der vor ihm stehende Täufling wirklich im Gebiet einer nördlichen geographischen Breite geboren und somit die Notwendigkeit der Taufe wissenschaftlich untermauert war.

Nach Beendigung seiner astronomischen Weisheitsfindung verkündete er mir mit erhobener Stimme, daß nach seiner absolut sicheren Berechnung, natürlich unter Berücksichtigung des entsprechenden Azimuts und der Tatsache, daß in meinem Falle Zenit und Nadir tatsächlich in Kongruenz stünden, Itzehoe mein Geburtsort war. Zum wiederholten Male hätte er damit eindeutig bewiesen, daß die Wissenschaft mit ihren Ergebnissen der Praxis doch überlegen ist.

Vor lauter Begeisterung über seine scheinbar gut gelungene Ortsbestimmung muß ihm entgangen sein, daß er Geburts- und Wohnort miteinander verwechselte. Ich habe mich über seinen groben Fehler sehr gefreut. Aber als echter Wilhelmshavener wußte ich, daß selbst Götter sich irren können. Mit großen Worten pries er mir die Schönheit und die Lieblichkeit der Südhälfte unseres Planeten und forderte mich auf, sein Fernglas zu nehmen und schon jetzt einen weiten Blick in das gelobte Land zu tun.

Ich bekam also das aus zwei Weinflaschen gebastelte Glas in die Hand gedrückt und wurde immer wieder gedrängt, nun auch mal hineinzuschauen. Natürlich waren die Flaschen, wie zu erwarten, nicht leer. Der sich prompt über mich ergießende Inhalt war aber reines Seewasser. Mit viel Fantasie beschrieb ich ihm die herrlichen Bilder, die ich in seinem Glas entdeckte.

Der Sterndeuter war zufrieden, seine Beurteilung fiel positiv aus, und schon schob er mich ab zur weiteren Behandlung an die nächste Station.

Dort warteten bereits streng aussehende Konstabler. Sie präsentierten sich recht forsch dem leicht erschrockenen Taufkandidaten in blauen uniformähnlichen Jacken mit weißen Hosen, die in schweren ledernen Seestiefeln steckten. An den Schirmmützen trugen sie weiße Bänder mit der Aufschrift »Ozean Polizei« und waren offensichtlich stolz auf ihre langen Holzschwerter, die sie sich zum Schutz gegen Seeräuber und sonstige Untiere umgeschnallt hatten.

Diese Gruppe, die als Prüfungsausschuß über die Plus-Minus-Punkte entschied, war eine Hürde, die ich unbedingt mit Bravour nehmen mußte, denn die erhaltenen Punkte gaben den Schwierigkeitsgrad der noch zu bestehenden Prozeduren an.

Hauptsächlich ging es hier um Kenntnisse feststehender seemännischer Begriffe und ganz besonders wurde nach Begriffen aus der Takelage gefragt. Die »strengen Drei« arbeiteten im

Team und schossen in leicht erkennbarer Absicht korrekte, aber auch völlig unsinnige Fragen aus der Segeltechnik ab. Wenn die Antwort nicht blitzschnell gegeben wurde, nahmen sie sofort eine drohende Haltung ein. Doch dieses Spiel machte mir Spaß, und ich gab ihnen ebenso unsinnige wie kecke Antworten. Auf diese Weise kam ich gut zurecht, bekam mit einem in Holzteer getauchten Pinsel einen Brustring auf die Haut gemalt und war auch hier entlassen.

Was sich bisher getan hatte, war durchaus harmlos und im Vergleich zu dem, was noch bevorstand, nicht mehr als ein kleines Vorbereitungsspektakel auf das eigentliche Geschehen.

Die wirkliche Reinigung, die der Pastor ja während seiner Predigt in Aussicht gestellt hatte, begann erst jetzt bei dem Hof-Friseur, dem ich nun gegenüberstand und der mich überschwenglich, als wäre ich ein alter Freund, begrüßte. Dadurch irritiert, überflog ich mit einem schnellen Blick seine vielen herumliegenden Requisiten und fand damit schnell meine dunkle Ahnung bestätigt, daß der gemütlichste Teil dieses denkwürdigen Tages hinter mir lag.

Riesige Messer und Scheren, viele Pützen voller Schaum und natürlich Seewasser in jeder Menge waren in seinem Bereich aufgebaut. Sein Handwerkszeug sah gewaltig, ja beinahe furchterregend aus. Doch die Größe der Geräte schreckte mich nicht so sehr wie die sicherlich verborgen gehaltene scharfe Friseurschere. Mit großer Wahrscheinlichkeit würde der »Putzbüdel« versuchen, zumindest einem der Täuflinge unbemerkt ein klassisches »Kreuz des Südens« in den Haarschopf zu schneiden. Also aufpassen!

Der Friseur kam dann sofort zur Sache, und bevor ich noch richtig auf seinem Stuhl saß, schmiß er mir mit einem großen Farbquast eine Portion Schaum ins Gesicht. Immer wieder flog mir das scheußliche Zeug um die Ohren, so daß ich die insgeheim gefürchtete kleine Schere bald vergaß und nur noch an

Abwehr dachte, als er endlich anfing, mit seinen Gerätschaften an mir herumzufuhrwerken. Das ging natürlich nicht ohne kleine Schrammen ab, denn übermäßig viel Gefühl legte er nicht gerade an den Tag. Meine Augen waren völlig verklebt und Ohren und Nase von dem undefinierbaren Zeug verstopft. Die Lippen zu einem Strich zusammengepreßt, konnte ich nur ahnen, was da mit mir geschah. Schließlich gab ich nach und ließ alles widerstandslos mit mir geschehen.

Die Pütz Seewasser, die er über meinen Kopf goß, wirkte befreiend und weckte all meine Lebensgeister wieder. Nase, Ohren und Augen wurden durch immer neue Wassergüsse freigespült.

Da erinnerte ich mich wieder an die dumme Schere. Hatte ich meine Haare noch alle, oder war es dem Barbier gelungen, mir doch mit dem scharfen Ding einen Teil des Schopfes zu nehmen? Eine schnelle Kontrolle, sie waren noch da, mein Gott, war ich froh!

Es folgte eine Behandlung mit einer immer wieder laut angepriesenen sogenannten »Hautcreme«. Eifrig und ständig auf mich einredend, schmierte er mit dieser komischen Masse Gesicht, Hals und Schultern so dick ein, als sollte ich wie ein alter Ägypter mumifiziert werden. Bei dieser Creme handelte es sich nach seiner Behauptung um ein speziell angefertigtes Stärkungsmittel, das aus großen Wassertiefen geholt worden war und helfen sollte, alle tropischen Gefahren abzuwehren.

Viele schöne Worte also für einen gemanschten Brei, der aus Mehl, Hühnerdreck und einem Wasser-Holzteer-Gemisch bestand. Gott sei Dank wurde dieses klebrige Zeug bald wieder mit Seewasser abgespült.

An dem Süll der Luke zwei war ein Schild mit der Aufschrift »Ozeanischer Gesundheitsdienst« befestigt, und unmittelbar neben diesem Holzbrett war auf der Lukenabdeckung der Eingang zum Behandlungsraum, vor dem ich jetzt stand.

Ich war noch einigermaßen in Form und sicher, daß ich die nächste Behandlung auch gut überstehen würde. Der Doktor und seine Assistentin, die beide lustig kostümiert waren, hatten schon auf mich gewartet und kamen sofort zur Sache, ohne mir eine Verschnaufpause zu gönnen.

Während die Hilfskraft den Untersuchungsbefund des Tropeninstituts vorlas, sah der Doktor mir zunächst einmal prüfend in die Augen, klopfte mal hierhin, mal dorthin, erst mit der Hand, später recht wirkungsvoll mit einem großen Holzhammer, hörte die Lunge mit Omas Hörrohr ab und fand meinen Gesundheitszustand einfach desolat. Nur Pillen und Tinkturen konnten hier helfen und natürlich auch nur bei sofort beginnender Behandlung. Es war keine Zeit mehr zu verlieren.

Ich wurde aufgefordert, mich schnellstens in einen Holztrog zu legen, der sonst nur zum Schweineschlachten gebraucht wurde, während der Doktor, assistiert von seiner Gehilfin, die Mittelchen nach dem Rezept zusammenmixte. Aus diversen Flaschen und Töpfen, alle mit unterschiedlich gefärbtem Inhalt, wurden Pillen gedreht und Tinkturen gebraut.

Diese unappetitlichen Pillen mußte ich schlucken, ob ich wollte oder nicht, auch wenn mir noch so übel dabei wurde, denn über die Zusammensetzung dieser kleinen runden Bällchen gab es keinen Zweifel. Pulverisierter Hühnerdreck lieferte auch hier den Rohstoff, da war ich absolut sicher.

Die verschiedenen Essenzen und Salben gegen Leiden, von denen ich noch nie etwas gehört hatte, die mich aber angeblich befallen hatten, ja die sogar zu ernsthaften Komplikationen führen könnten, schmierte man mir mit Wonne über den ganzen Körper. Der bewährte Holzteer war diesen Heilmitteln in jedem Fall in mehr oder weniger großen Mengen beigemischt, und ich sah bald aus wie ein Schwarzer.

Als mir der Doktor dann zu guter Letzt noch einen kräftigen Schluck Rizinusöl aufzwang, wurde mir tatsächlich plümerant, und ich verschaffte mir mit aller Kraft Platz und die notwendige Luft zum Atmen.

Dadurch war ich aber den »Negern« am Rande des großen Wasserbeckens zu nahe gekommen, das zwischen Süll und Steuerbordverschanzung aufgebaut war.

Diese Burschen nutzten sofort die Gelegenheit. Sie zogen mich ins Wasser und begannen, unterstützt von den Anfeuerungsrufen der Zuschauer, hemmungslos mit der Taufe, die so aussah, daß sie mich möglichst oft und lange unter Wasser drückten. In den ersten Augenblicken tobten sie sich richtig aus, denn ich war so überrascht, daß ich an Abwehr überhaupt nicht dachte. Aber es gelang mir schließlich doch, mit meiner glatten und vom vielen Teer schmierigen Haut den Urwaldbewohnern schon mal zu entwischen und über den Beckenrand zu entkommen. Die etwas verblüfft dreinschauenden »Neger« mußten sich zufrieden geben, denn entsprechend der Regel war die Partie damit für mich entschieden.

Ich war an der vorletzten Etappe meines Rundlaufs angelangt und von der Tauferei doch etwas außer Atem. An dieser Station mußte ich vor Neptun und seiner Frau Thetis niederknien und ihnen meine Ehrerbietung darbringen. Sie hatten beide auf einer grob gezimmerten Segelmacherbank Platz genommen, die vor einer bunten Wand internationaler Flaggen aufgestellt war. Die zentrale und majestätische Bedeutung dieses Platzes hob ein Baldachin aus unserem Namenswimpel noch besonders hervor, und eine zünftige Kostümierung rundete das Bild ab.

Thetis sah mich mit einem freundlichen Lächeln aufmunternd an, während Neptun ernster und strenger dreinblickte, sich aber doch bemühte, sein Wohlwollen zu zeigen.

Zum Zeichen meiner Ergebenheit mußte ich, es wurde ausdrücklich so verlangt, Neptun die Füße küssen. Natürlich war ich dazu bereit und hätte es auch sofort hinter mich gebracht, wenn nicht doch noch ein kleines Hindernis zu überwinden gewesen wäre.

Auf Neptuns Schuhspitzen waren nämlich mittelgroße, in Holzteer getränkte Pinsel angebracht, die er mir ständig geschickt entgegenstreckte. Fieberhaft überlegte ich, mit welchem Trick oder auch blitzschnellem Täuschungsmanöver es mir gelingen könnte, an die Füße heranzukommen, ohne die Pinsel zu berühren. Aber seine großen Elbkähne reagierten sofort. Es war aussichtslos – ich mußte das Problem direkt angehen. Sobald ich mich nun dem königlichen Fuß näherte, wedelte Neptun unter halblautem Lachen eifrig mit den Pinseln und beschmierte mir dabei ausgiebig Mund, Nase und die nähere und weitere Umgebung.

Ergeben hielt ich still, und nach einer mir unendlich lang erscheinenden Zeit durfte ich mich erheben. Stumm standen wir uns einige Sekunden wie Sieger und Besiegte gegenüber, bevor er mich als sein Opfer mit einem huldvollen Kopfnicken entließ.

Damit hatte ich die Nase im wirklichen Sinne des Wortes voll und war froh, alle wesentlichen Stationen passiert zu haben. Die allerletzte Position war dann auch schnell hinter sich gebracht.

Hinter einer kleinen provisorischen Kanzel stand, den Blick nach oben gerichtet, der Pastor. Er war bereit, mich in seine schützenden Arme zu nehmen, aber natürlich nur symbolisch, denn sein schönes weißes Chorhemd, das aus einer alten Gardine gemacht war, hätte eine direkte Berührung nicht gut überstanden.

Freundlich forderte er mich auf zu knien, den Segen zu empfangen und meinen Taufspruch entgegenzunehmen, und da der Holzteer endlich nicht mehr im Spiel war, fand ich auch die nötige Ruhe, mir den Text meines Spruches anzuhören.

Wir, Neptun, König, Beherrscher aller Ozeane, Meere, Seen, Ströme, Flüsse, Bäche, Teiche, Pfützen und aller alkoholischen Getränke, tun allhiermit kund, daß

Wilhelm Leffler

die Linie passiert hat und vom Schmutze der nördlichen Halbkugel gereinigt worden ist. Selbiger erhielt den Namen

Schweinsfisch

den er bei seinen ferneren Reisen in meinem Bereich führen soll.

Damit war ich endgültig getauft.

Meine Freunde nahmen mich in Empfang und begannen sofort mit der großen Reinigung. Sie waren dabei sehr aktiv, und mit Hilfe von grüner Seife, Caustric Soda und Margarine wurde aus mir langsam wieder ein normaler weißhäutiger Erdenbewohner. Zu Mittag spendierte der Koch als Feiertagsessen einen Labskaus, zum Nachmittagskaffee holte er die Panzerplatten – sehr trockene Streuselkuchen – aus dem Ofen, und eine Brühe aus Zichorie ersetzte den echten Bohnen-Kaffee. Erst jetzt konnte ich mich über das festliche Ereignis meiner Äquatortaufe richtig freuen.

Weiter in den Süden

Die Passatsegel waren bereits für den Nord-Ost-Passat angeschlagen worden, und so gab es in diesem Bereich für den
Süd-Oster nicht mehr viel zu tun.

Es stand uns ein langer und wohl auch sehr schöner Segeltörn
bevor, nachdem wir die Mallungen ohne allzu große Verzögerung hinter uns gebracht hatten. Jule nutzte die Chance und
verstärkte den Toppdienst für alle Masten, da bei einer ganzen
Anzahl von Gordings und ebenso bei fast allen Geitauen durch
das ständige Backschlagen der nassen Segel die an der Ober-
kante der Rah befestigten Stopper gerissen waren. Solche abge-
rissenen Stopper behinderten den Segelbetrieb zwar nicht übermäßig, doch das laufende Gut schnitt in die betreffende Segelfläche ein, störte auf diese Weise die Proportionen und, was aus-
schlaggebend war, verminderte die Schönheit einer gut getrimm-
ten Takelage. Von einer maximalen Ausnutzung konnte dann
natürlich nicht mehr die Rede sein.

Jule duldete nur akkurate Toppen auf seiner Wache, so waren
die Bändsel eine Sache, die er sofort in Ordnung gebracht haben
wollte.

Die Toppsgäste erhielten die notwendige Verstärkung aus den
Seewachen, da sie es allein nicht schaffen konnten, in kürzester
Zeit das Tauwerk wieder ins Lot zu bringen. Hier erhoffte ich
eine Chance zu bekommen, etwas mehr an Deck zu arbeiten. Für
einen ganzen Tag hoch oben im Mast zu sein, frei von dem
täglichen Einerlei, frei von dem sonstigen Decksbetrieb, dafür
lohnte es sich, Jule ein wenig zu drängen.

Als Toppsgast hatte ich noch nicht gearbeitet, und es interessierte mich, wieder einen neuen Arbeitsbereich kennenzulernen und dadurch gleichzeitig meine Ausbildung abzurunden, um die sich noch immer keiner richtig kümmerte. Welch herrliches Gefühl, in einer Höhe von 30, 40, ja sogar 50 Metern zu arbeiten, weitab von dem Deck da unten und der Sonne ein kleines Stückchen näher. Eine reizvolle Tätigkeit, die schon aus diesem Grunde Freude machte, die aber auch zum sorglosen Herumklettern und leichtsinnigen Hantieren in den Masten verführte. Selbst bei gutem Wetter waren bei dieser Arbeit schon öfter Leute von der Rah gestürzt, und die Ursache eines solchen Unglücks konnte eigentlich nur Leichtsinn und Unachtsamkeit sein.

Unsere Schiffsleitung achtete immer besonders darauf, daß im Mast alle Vorsichtsmaßnahmen beachtet wurden, ruhig, gewissenhaft und ohne jede Hektik gearbeitet wurde. Zu keiner Zeit war auf diesem Schiff je ein Fahrensmann aus dem Mast gestürzt.

Ich selbst war immer darauf bedacht, auf Sicherheit zu gehen und den lebenswichtigen Grundsatz der Segelschiffahrt nicht zu vergessen: Immer, zu jeder Zeit und bei jedem Wetter, denke daran: eine Hand für das Schiff, die andere Hand für dich selbst. Wenn es notwendig sein sollte, halte dich mit beiden Händen fest.

In meinem Bereich hatte ich die Stopper bald aufgesetzt, und da mein Macker mit mir zufrieden war, bot er mir an, mit ihm zusammen noch einige Tage weiterzumachen. Seine Rückfrage beim 1. Offizier fiel zustimmend aus, und ich betrachtete mich ein wenig voreilig schon als halber Mann aus dem Topp. Eine Tätigkeit, die ich ohnehin als die beste und vor allem selbständigste Beschäftigung ansah.

Ab sofort mußte jemand anders die Backschaft übernehmen – ich war sie für die nächsten Tage erst einmal los. Aber diese Umdisposition lief dann leider nicht so glatt, wie es zunächst aussah, denn meine Hoffnung, außer im Mast auch an Deck mit Marlspieker und Schiemannsgarn arbeiten zu können, sollte sich nicht so schnell erfüllen. Diese Takelarbeit gefiel auch anderen Leuten, und da man von meiner Begeisterung für die Takelage wußte, teilte man mich auch entsprechend ein. Es ging dabei aber nicht um Gordings und Geitaue, sondern um den gesamten Komplex des stehenden Gutes unserer Masten, das zu diesem Zeitpunkt ebenfalls gründlich überholt werden mußte. Das hieß, Stagen und Pardunen zu konservieren oder anders gesagt, diese langen und überaus starken Stahltrossen schön sorgfältig mit einem Holzteergemisch einzuschmieren.

Auch wenn mir die Labsalberei bislang unbekannt war, hätte ich jetzt lieber die alte, mir schon bekannte Tätigkeit als zweiter Toppsgast wieder aufgenommen. Meine schönen Pläne, die nächsten Tage auf die denkbar angenehmste Art zu verbringen, waren dahin. Dabei hatte ich doch alles so gut eingefädelt. Aber wieder Backschaft zu machen und an diesen schönen Tagen den verhaßten Messekram in Ordnung zu halten, das hätte mir noch weniger gefallen, als mit dem Teerpott nach oben zu gehen.

Jule, der mich beobachtete und meine Unentschlossenheit richtig deutete, ließ mich kommen und meinte: »Wer eine Sache später beurteilen will, muß sie auch selbst einmal gemacht haben. Seemannschaft zu lernen, sollte einem Schiffsjungen immer recht sein – gleichgültig zu welcher Tageszeit und in welcher Form auch immer. Also los, und laß den Pott nicht fallen.«

Genau dort, wo das Pardun an den Mast schlug, also in Höhe der Mars oder der Saling oder noch darüber hinaus, wurde ein zu fierender Bootsmannsstuhl angebracht. Entsprechend ausgerüstet kletterte ich hinein und hoffte, möglichst viele Stahltrossen in einem Arbeitsgang erwischen zu können. Sorgfältig, Stück für

Stück schmierte ich sie ein und ließ mich dann, wenn der Abschnitt fertig war, um eine passende Länge von Deck aus wegfieren. Manchmal, wenn die Leine entsprechend geschoren war, konnte ich meinen Standort auch ohne fremde Hilfe verändern.

Neben dem bereits erwähnten Bootsmannsstuhl gehörte zu meinem Handwerkszeug noch ein ausgedienter, nun mit Holzteer gefüllter Farbtopf und ein Twistlappen. Den Teer besorgte man mir laufend aus der Last unter der Back, wo der Kabelgattmann eine Zapfstelle eingerichtet hatte.

Als ein volles Eisenfaß geöffnet werden sollte, und der Spundverschluß zunächst klemmte, meinte unser Jule, die Sache unbedingt selbst klären zu müssen. Zu viele Leute fummelten unsachgemäß daran herum, und urplötzlich strömte Luft durch die Einfüllschraube ein, die schwarze Soße entwich mit starkem Strahl und Jule, der mit seiner Nase zu nahe dran war, brachte sich zwar mit einem behenden Satz in Sicherheit, seine Khaki-Hose und seine weißen Tennisschuhe bekamen aber einen guten Teil ab. Ein Opfer seiner eigenen Unvorsichtigkeit, schlich er betrübt in seine Kammer.

Kurz vorher hatte Jule mir erklärt, wie man es anstellt, einen Draht zu labsalben, und sein Vortrag hatte so geendet: »Also hinein in den Topf mit dem Lappen in der Hand, nicht zu trocken aber auch nicht zu naß einteeren und vor allem: nicht so viel kleckern. So wird es gemacht, so war es schon immer – auch auf den alten Schiffen.«

Ganz wie am Tage vorher, war ich wieder in luftiger Höhe tätig, auch der Sonne wieder ein Stückchen näher, nur ziemlich drekkig machte mich der Schmierkram.

Diese Schmiererei war auch der Grund dafür, warum vorher bei der Arbeitseinteilung alle Mann passiv geblieben und mir freudig zugestimmt hatten, als ich unbedingt den Mann im Topp machen wollte. Auf diese Weise war es ihnen gelungen, einen Dummen zu finden. Ich begriff schon, daß unsere Stahltrossen ohne regelmäßige, sorgfältige Rostschutzpflege nicht auskamen, und daß das eine sehr wichtige Arbeit war. Aber wie vollgeklekkert war ich hinterher immer! Und womit war am Ende der viele Teer wieder herunterzubekommen, der an Gesicht und Händen klebte, ganz zu schweigen von meinem Arbeitsanzug, der immer speckiger und steifer wurde.

Trotz äußerster Vorsicht war es unvermeidlich, daß bei dieser Dauer-Schmiererei hin und wieder ein Tropfen – gelegentlich können es auch einige mehr gewesen sein – nach unten fiel. Sauste der Tropfen seitlich ins Wasser, war alles in Ordnung – es war ja auch nichts passiert. Klatschte aber einer aufs Holzdeck oder, was noch viel schlimmer war, sogar an die weiße Farbe, dann fuchtelte Jule wild mit Armen und Beinen, als probiere er einen neuen Tanz, was von so weit oben sehr lustig aussah. Seinen Kommentar verstand ich jedoch nicht.

Bei einer der schwierigen Schmierphasen landete ein Tropfen rein zufällig, wie man mir glauben mag, genau auf Jules weißem Mützendeckel. Ein schöner Klecks von ansehnlicher Größe ging mitten ins Ziel und breitete sich dort zu einem bizarren Gebilde aus.

Oh jeh, oh jeh! Das würde etwas geben, wenn ich wieder runter kam. – Aber seltsamerweise passierte nichts, kein Anpfiff, kein Donnerwetter, absolut nichts. Jetzt nicht und in den nächsten Tagen ebenfalls nicht.

Seltsam, und dabei lief Jule tagelang mit dem Speckdeckel herum, als wolle er allen zeigen, was ihm angetan wurde. Ob eine Entschuldigung angebracht gewesen wäre? Aber ich traute mich einfach nicht.

Meine Arbeitskluft sah nach Beendigung der Labsalberei so verheerend aus, daß es mir unmöglich schien, die Sachen selbst

zu waschen und sauber zu bekommen. Kurzerhand entschloß
ich mich, die Stücke über Bord zu werfen. Doch da hatte ich
nicht mit Jule gerechnet. Er hatte mich beobachtet, war vom
Vorschiff über die Laufbrücke zu mir gekommen und freute sich
über die Gelegenheit, einen jungen, unerfahrenen Seemann in
eine der vielen Eigenarten seines Segelschiffslebens einzufüh-
ren. »Wenn du etwas für guten Wind über Bord werfen willst,
und das hattest du ja offensichtlich vor, dann nimm gefälligst
immer die Luv-Seite. Nur Abfälle und sonstiger Unrat kommen
Leeward über Bord, das ist also schon mal verkehrt.
Dann hast du zu allem Überfluß auch noch – und soviel Unver-
stand ist überhaupt nicht zu begreifen – alte schmutzige, anstatt
saubere Klamotten genommen, und das geht so auf keinen Fall.
Wenn du durchaus etwas für guten Wind tun willst, dann nur
unter Beachtung bestimmter Regeln, nach denen du fragen
solltest, wenn du sie noch nicht kennst. Aber einfach etwas über
Bord werfen und dann glauben, dieses allein gibt guten Wind,
und das bei einer Brise, die wir doch seit Tagen zu unserer
vollsten Zufriedenheit haben und die nicht verbessert werden
kann, das anzunehmen ist recht dumm von dir. Bist du vielleicht ein Quitsche oder so etwas Ähnliches?«
Nach einer kurzen Atempause fuhr er fort: »Zur Sache selbst ist
noch zu sagen, Arbeitszeug kann überhaupt nicht so ver-
schmutzt sein, daß es nicht wieder sauber zu bekommen ist.
Streng dich mehr an. Außerdem ist grüne Seife und Coustric
Soda ausreichend an Bord. Du hast also noch eine ganze Menge
zu lernen.«
Damit zog er ab und ließ mich in einiger Zerknirschung zurück.
Hätte ich doch nur bis zur Dunkelheit gewartet!

Auf einem Segler gab es immer wieder kleine, nichtige Begeben-
heiten, die Jule seiner Vorstellung nach für bedeutungsvoll
hielt, die der Anfänger aber wegen ihrer Belanglosigkeit nicht

registrierte. Auch einige Altbefahrene hatten Jules Manie angenommen und segelten unter gleicher Flagge.

Ein anderes Erlebnis in dieser Richtung hatte ich einmal an einem wunderschönen, sehr stimmungsvollen Morgen, mit viel Sonne, angenehmer Wärme und günstigem Wind. Es war eine Lust zu leben, die Arbeit ging locker von der Hand, und selbst unter Deck bei der Backschaft klappte alles. Ich war einfach gut gelaunt an diesem Tag.

Und weil mir so leicht ums Herz war, pfiff ich fröhlich ein Lied, schön laut, wenn auch vielleicht nicht ganz melodisch.

Da tauchte plötzlich Jule vor mir auf. Er musterte mich streng aber nicht unfreundlich. Hatte ich schon wieder etwas falsch gemacht?

»Warst du das, der da so laut gepfiffen hat?« fuhr Jule mich an.

Ich gab es zu, warum auch nicht, und wartete gespannt darauf, was jetzt kommen würde.

»Weißt du denn nicht, daß die dumme Pfeiferei auf einem Segler nicht erlaubt ist. Kannst du nicht begreifen, daß der Wind schralt, wenn das so weitergeht. Das ist überhaupt nicht auszudenken und gibt ein Malheur, wenn wir wegen deiner Flöterei in eine plötzliche Flaute kommen. Und wie willst du es dann anstellen, daß der weggeschralte Wind nach dort wieder zurückgeht, wo wir ihn vorher gehabt haben und wo wir ihn dringend weiter brauchen? Bist du vielleicht der Meinung, ich werde dir dabei helfen, oder meinst du, du kannst das völlig allein? Nun, ich weiß ja, du bist ein Holsteiner, sonst hätte ich dich für einen Quitsche gehalten. Auf Segelschiffen kann es nur Signal-Pfeifen geben und sonst nichts, verstanden?«

Er drehte sich um und ging. Das Ding hatte ich weg! Sicherlich war das nicht als harter Anpfiff zu werten, nach seiner Vorstellung mußten Segelschiffsjungen auch an die mystischen Regeln herangeführt werden, wenn aus ihnen je gute Seeleute werden sollten.

Der Jule hatte eben zu vielen Dingen des Bordlebens eigene Vorstellungen, die nicht immer mit denen der übrigen Besatzung übereinstimmten, vor allem dann, wenn sie zu wirklichkeitsfremd schienen.

Ereignisse, die unter Umständen eine Bedrohung für Schiff und Besatzung werden konnten, versuchte er auf seine eigene, seltsame Art abzuwenden, und wir sahen ihn oft etwas tun, was nur mit seinem Aberglauben erklärt werden konnte.

Er war ein guter Spökenkieker und ein noch besserer Seemann.

Die weitere Fahrt südlich der Linie verlief ruhig und ohne besondere Ereignisse, und bei dem hohen Barometerstand konnten wir auch für die nächsten Tage mit einem herrlichen Segelwetter rechnen.

Natürlich lagen wir nicht auf der faulen Haut, sondern nutzten die schönen Sonnentage, um das Schiff binnenbords auf Hochglanz zu bringen. Farbewaschen und, wo es notwendig war, Rost klopfen und vielleicht sogar pönen mit weißer oder grauer Farbe.

Die Pflege des Teakholzes auf dem Hochdeck und die Säuberung der Hauptdecks standen weiterhin auf Jules Plan.

Sowohl das Vordeck als auch das sogenannte Versaufloch waren auf unserem Schiff mit Eisenplatten belegt und daher auch relativ leicht mit einer Spezialfarbe zu pflegen. Schwerer taten wir uns dagegen mit dem Hochdeck, der Back und auch der Poop, denn diese drei Decks mußten wegen ihrer guten Teakholzbeplankung besonders behandelt werden. Um diese Holzdecks nicht nur sauber, sondern auch weiß zu bekommen, konnten – und darin stimmten viele Segelschiffskapitäne überein – nur althergebrachte Scheuermethoden angewandt werden. Nur unter Verwendung von Kalksandsteinen, weißem Sand und Außenbordswasser in größeren Mengen wurde die helle Tönung und die schöne Maserung des Holzes erreicht. Es war verpönt, auf moderne chemische Mittel zurückzugreifen.

Jeder Jan Maat kniete auf einem mit Rappeltuch umwickelten Holzgestell, in beiden Händen den Kalksandstein, dem sogenannten Gebetbuch, und versuchte, mit einer großen Portion Muskelkraft und nie erlahmender Ausdauer Flecken und hartnäckige Verschmutzungen herunterzuscheuern. Das kostete viel Schweiß, und man bekam davon dicke Schwielen an den Händen und starke Rückenschmerzen.

Überall in der Welt wurden die Teakholzdecks der Segelschiffe auf die gleiche Weise gepflegt. Ob es eine Notwendigkeit oder vielmehr ein Ritual war, konnte auch Jule nicht beantworten.

Was mich anging, so hätte ich mich bei solchen Gelegenheiten gern auf meine Backschaft zurückgezogen, aber man ließ meine Ausreden nicht gelten, ich mußte mit ran.

Die schönen Tage wurden außerdem genutzt, um die Unterkünfte gründlich zu überholen. Große Mengen Wasser, Seife und Farbe wurden verbraucht, um die Räume aufzupolieren, aber auch um das in der warmen Sonne immer stärker auftretende Ungeziefer zu bekämpfen.

Auch dem Seemann selbst wurde während der Wache ausreichend Arbeitszeit für Wäsche und Zeugdienst zur Verfügung gestellt, so daß er mehr Zeit auf seiner Freiwache hatte und diese dann ganz nach seinen Neigungen nutzen konnte.

Der Kapitän war allerdings nur in diesen Breiten und bei südlichen Kursen so großzügig. Man tat gut daran, die Tage guten Wetters zu nutzen, denn später, in den hohen südlichen Breiten, wo der Albatros unser ständiger Begleiter war, bestimmte Rasmus wieder den Tagesablauf, und Reinschiff und Freizeitbeschäftigung standen dann nicht mehr auf dem Tagesplan.

Für sinnvolle Freizeitbeschäftigungen gab es auf einem Segelschiff wenig Möglichkeiten. Ganz allgemein hatte der Seemann mit Wachegehen und der täglich anfallenden Arbeit eine Beschäftigung, die ihn voll auslastete. Solange das Schiff in kälteren Regionen segelte, mußte die verbleibende Zeit unbedingt für den notwendigen Schlaf genutzt werden. In den Tropen jedoch wurde dieser normale Tagesablauf erheblich durch die schwül-feuchte Hitze gestört, und das wesentlich geringere Schlafbedürfnis brachte zusätzliche freie Stunden, die jeder nach Belieben nutzte.

Der von uns gebildete Shanty-Chor beanspruchte einen großen Teil dieser zusätzlichen Zeit, denn nur durch fleißiges Üben war ein höheres Niveau zu erreichen.

Auch einige Nichtsänger pflegten mit gleichem Eifer ihre unterschiedlichen Interessensgebiete. Die Anfertigung von Ziergegenständen aus Hanf oder Schiemannsgarn mit maritimen Motiven war z. B. sehr beliebt und leicht zu erlernen, und es gelang schließlich auch dem Ungeschicktesten, eigene Plattingschuhe anzufertigen.

Andere Bastler gingen das Problem der »Buddelschiffe« an oder ganz Mutige wagten sich sogar an den Modellschiffsbau. Aber Interesse, Fleiß und Ausdauer genügten dazu nicht, man mußte schon auch handwerklich ein bißchen gewandt sein, außerdem fehlten immer wieder die technischen Hilfsmittel, mit dem Schnitzmesser allein kam man nicht weit. Wenn auch so mancher Schiffbauer auf halbem Wege aufgab, so entstanden doch im Laufe einer Reise einige gute Exemplare, die auch Verkaufschancen gehabt hätten.

Bester Mann auf diesem Gebiet blieb der Kapitän, der bereits seit einem Jahr mit größter Sorgfalt und Detailtreue an einem maßstabgetreuen Modell der »MAGDALENE« baute. Dieses »Schiff unter Glas« gelang ihm so hervorragend, daß ein Werftmodell nicht besser sein konnte.

Trotz aller Anstrengung gelang diese Präzision keinem aus der übrigen Besatzung.

Natürlich gab es auch Kartenspieler, und besonders an Feiertagen veranstalteten diese Könner ein kleines Turnier, wobei hin und wieder die Zeit einer vollen Freiwache kaum reichte. »Siebzehn und vier« – auch »Meine Tante...« feierten fröhliche Urständ, für »Halma« und »Mensch ärgere Dich nicht« interessierte sich kaum einer an Bord. Die Gewinne lagen nicht selten in der Nähe einer Monatsheuer, aber über eingespielte Verluste wurde nur ungern gesprochen.

Kartenkünste irgendwelcher Art lagen mir nicht, und so blieb eine Partie mit mir immer uninteressant. Auch zum Basteln war ich nicht geschickt genug, ich versuchte es zwar immer wieder, aber das Endprodukt sah dann so kläglich aus, daß ich es bald ganz aufgab.

Spaß hatte ich daran, in Ruhe ein Buch zu lesen oder nach vorn ins Klüvernetz zu gehen, um Fische und Vögel und Wind und Wetter zu beobachten. Ruhige Plätze waren auf diesem Schiff kaum zu finden, es sei denn, es gelang, den Wachhabenden zu überlisten und in einen der Masten aufzuentern. Ohne Kenntnis des Wachoffiziers hatte keiner während seiner Freizeit etwas in den Riggen zu suchen, und nur der Griff in die Trick-Kiste verhalf zu einer Extratour.

An einem herrlichen Nachmittag hatte ich mir während meiner Freiwache einen spannenden Roman genommen und war damit in den Kreuztopp gegangen. Um nicht vom Wachoffizier vorzeitig entdeckt und zurückgerufen zu werden, nahm ich, verdeckt vom laufenden Gut der oberen Rahen, die Schattenseite für die Kletterei nach oben. Bei gutem Wetter hatte ich mir schon öfter die Marsplattform als Leseplatz ausgesucht, denn dort fühlte ich mich ausgesprochen wohl und auch sicher vor unliebsamen Störungen von allen Seiten. Der weite ungehinderte Blick über die ruhige See, das leise Summen des Windes in der Takelage und das Fernsein vom Deckbetrieb gab mir ein Gefühl innerer Zufriedenheit.

Bei einer anderen Gelegenheit wollte ich höher hinauf. Als

Sitzplatz hatte ich mir den Schwanenhals der Unterbram ausgesucht. Ich war überzeugt, dort in Ruhe die spannende Geschichte meines Abenteuerromans zu Ende zu bringen.

Das Buch war voll dramatischen Geschehens, so daß ich meine Umgebung um mich herum bald vergaß. So entging mir auch die Unkonzentriertheit des Rudergängers da unten, der ganz offensichtlich von dem schönen Wetter und der Weite der See abgelenkt vor sich hin döste, anstatt bei der Sache zu sein. Und vielleicht ging es dem Steuermann nicht besser, jedenfalls bemerkte niemand das stärker werdende Killen der Segel, auch nicht als einige sogar backschlugen.

Unversehens und hart machte sich die Wirklichkeit bemerkbar. Etwas Dunkles und Großes kam auf mich zu, ein schlagendes Segel. Bevor ich reagieren konnte, schlug mir das starke Lik der Oberbram gegen den Kopf und schob mich mit kräftigem Druck von dem Rack der Bramrah herunter.

Ich drohte abzustürzen, doch instinktiv griff ich zum laufenden Gut von Gordings und Geitauen, hatte mich nach wenigen Sekunden in der Gewalt und hielt mich eisern an dem in der Nähe vorbeigeführten Tauwerk fest. Langsam und unter äußerster Willensanstrengung arbeitete ich mich dorthin zurück, wo ich vorher gesessen hatte.

Gott sei Dank konnte ich das Stück schaffen. Es war noch mal gutgegangen.

Unfähig, überhaupt etwas zu denken oder zu tun, blieb ich oben, bis sich meine Aufregung und meine Angst gelegt hatten. Inzwischen hatte der Rudergänger längst seine Nachlässigkeit korrigiert, mit einem knallenden Ruck füllten sich wieder die Segel.

Natürlich blieb diese Fehlleistung dem Kapitän nicht verborgen. Ein sogenannter Zustand mit vielen Vorwürfen nach allen Seiten war die Folge, der schließlich mit der sofortigen Ablösung des Mannes am Ruder endete. Doch wie groß wäre die Aufregung geworden, wenn man von mir im Mast gewußt hätte? Ich glaube, diese Leichtsinnigkeit hätte der Alte mir nicht verziehen. Nach etwa einer Stunde waren meine Nerven wieder soweit in Ordnung, daß ich ein Niederentern wagen konnte, und um weiter unentdeckt zu bleiben, nahm ich sehr, sehr vorsichtig die Leeseite der Wanten. Unten in der Messe stellte mir keiner Fragen, und meine längere Abwesenheit war niemandem aufgefallen, so brauchte ich mich um eine faule Ausrede nicht zu bemühen.

Wenn ich sonntags bei freundlichem Wetter auf den Klüverbaum gehen wollte, kletterte ich ungefähr bis zum Mittelklüver. Hier saß ich dann schon weit außerhalb des Vorstevens und hatte dabei das Gefühl, unserem Schiff ein gutes Stück voraus zu sein.

Von dieser Stelle aus hatte ich einen unbehindert freien Blick auf alles, was sich in der Nähe im Wasser bewegte. Zum Beispiel beobachtete ich Delphine und Tümmler. Diese Lungenatmer, die der Seemann Schweinsfische nennt, spielten oft den ganzen Tag vor dem Steven. Mal schnellten sie mit eleganten Bewegungen aus dem Wasser, dann wieder, als Gruppe von fünf bis sechs Tieren, bildeten sie Formationen, die pfeilschnell und mit erstaunlicher Genauigkeit durchs Wasser schossen.

Auch der Bonito war unter ihnen, der seine Beute, die fliegenden Fische, jagte. Auf der Flucht vor ihrem Verfolger schwebten sie mit ihren stark vergrößerten Seitenflossen kurz über der Wasseroberfläche 30 bis 40 Meter in unterschiedliche Richtungen, um dem sicheren »Gefressenwerden« zu entgehen.

Wenn die See höher ging und mit der Leeseite ab und zu Wasser geschöpft wurde, schwebten vor allem nachts zahlreiche fliegende Fische über die Reeling an Deck. Wegen ihrer exotischen Besonderheit versuchte ich, einige Exemplare auszustopfen, was mir aber leider nicht gelang. Zum einen verstand ich nicht genug davon, und zum anderen mangelte es an geeignetem Füllmaterial. Sägespäne und auch fermentierter

Tabak wären gut gewesen, aber Späne waren nicht immer vorhanden und meinen guten Dobbelmann-Tabak wollte ich nicht opfern.

Alle diese Beobachtungen wurden weniger interessant, sobald sich der Riesen-Jäger dem Schiff näherte – der Hai. Nicht immer wurde dieser geschmeidige Räuber sofort entdeckt, und nicht immer traute er sich in die Nähe eines fahrenden Schiffes. In respektvollem Abstand steuerte er seinen Kurs, absolut sicher, daß seinem ausgeprägten Geruchssinn und seinen zwei oder drei Pilotfischen eine lohnende Beute nicht entging. Wurde er aber vom Hunger gepeinigt, kam er schnell auf pfeilgeradem Kurs näher, schwamm furchtlos mit kräftigen Bewegungen vor dem Steven her, immer darauf bedacht, zu jagen und zu fressen, sofern seine Vasallen Gefahrlosigkeit signalisierten.

Wenn sich ein Hai dem Segler näherte, kam große Aufregung ins Schiff. Sobald die Rückenflosse gesichtet wurde, löste der Wachhabende Hai-Alarm aus, wieder eine Art »all hands«, der auch die Freiwache an Deck rief. In fieberhafter Eile wurden Wurfharpune, Haiangel und Fangleine klargemacht, und unter keinen Umständen durfte vergessen werden, eine der großen Spillspaken als wirksamstes Schlagwerkzeug zurechtzulegen.

Bei fahrendem Schiff begann die gnadenlose Jagd, bei der wir meine bis dahin gemachten Beobachtungen über die Verhaltensweisen des Hai gut verwerten konnten.

Einer unserer stärksten Matrosen übernahm das Kommando. Er legte sich ins Klüvernetz und zwar in die Nähe des Galiot, da er sich dort gut mit den Beinen festklammern konnte und die Arme frei hatte, um die Harpune auf den riesigen Fisch zu werfen. Der Wurf war nicht einfach, und es gehörte Kraft und Abschätzungsvermögen dazu, das lange Geschoß mit der dranhängenden Leine zielgenau über eine Entfernung von vier bis fünf Metern zu werfen. So mancher Versuch ging daneben, weil immer wieder

Fehler im Leinenablauf vorkamen. Eine Ablösung versuchte die Taktik zu verbessern, aber den Hai trafen wir trotzdem nicht.

Eine aufregende Sache war so eine verbissene Jagd, wenn alle Mann vorn auf der Back standen und mit vor Erregung glänzenden Augen hofften, daß es den Räuber endlich erwischt hatte.

In solchen dramatischen Augenblicken hatte die Seewache alle Mühe, Ruder und sonstige Funktionen besetzt zu halten, denn jeder wollte dabei sein.

Ich hatte oft den Eindruck, der Hai wußte, worum es ging, weil er im rechten Augenblick mit einem geschickten Ausweichmanöver unsere sorgfältigen Überlegungen zunichte machte. Nachdem wir auf dem Vorschiff kein Glück hatten, versuchten wir es mit einer vom Zimmermann gebastelten Haiangel und entsprechendem Köder vom Heck aus. Auf der Vorjahresreise hatten die Jäger ein Tier mit der Angel gefangen, doch auf dieser Reise klappte auch das nicht, und wir liefen schnell zur Back zurück, um es wieder mit der Harpune zu versuchen.

Auch für den Räuber war es nicht immer leicht, Beute zu machen. Verbissen und mit wütenden Schwanzschlägen ging er seinem blutigen Geschäft nach und wenn er eine Möglichkeit sah, warf er sich voller Kraft blitzschnell auf den Rücken und packte sein Opfer mit wildem Biß. Danach ließ er sich achteraus treiben, um nach einiger Zeit querab in entsprechender Distanz wieder aufzutauchen.

Seine Rückenflosse fuhr auf Parallelkurs mit uns bei gleicher Geschwindigkeit – so, als warte er ab und überdachte seine Chance.

Dann kam er wieder näher. Hunger und Freßgier zwangen ihn zu unüberlegtem Handeln, obgleich er doch wissen mußte, was ihm bevorstand, oder hatten seine Pilotfische versagt? Auf der Back war absolute Ruhe, nur der Steven der »MAGDALENE« rauschte durch das Wasser, ein steter Wind sorgte für eine ruhige Lage und von einer Dünung war kaum etwas zu spüren.

Konzentriert und mit aller Kraft wurde die Harpune geworfen, und sie traf. Sie traf den Riesenkörper haargenau und so gut, daß alle seine kraftvollen Bewegungen und ein letztes verzweifeltes Aufbäumen ohne Erfolg blieben. Mit Geschick und viel Mühe hievten wir das stolze Tier auf die Back. Natürlich war es nicht gleich tot. Mit weit aufgerissenen Augen wehrte es sich verzweifelt und versuchte, mit seinem kräftigen Schwanz alles was in der Nähe stand kurz und klein zu schlagen.

Aber wir waren vorsichtig und mit wütendem Geschrei erschlugen wir den Hai mit den Spillspaken. Das Fleisch zerteilten wir und warfen es denen zum Fraß vor, die vorher zu den Gejagten gehörten, nur die Rückenflosse blieb als Glücksbringer an Bord. Die Freude über unser Glück war groß, denn wir hatten einem unerbittlichen Feind des Seemanns den Garaus gemacht und mit der Trophäe einen neuen Talismann für weitere glückhafte Fahrten gewonnen.

Kapstadt

Um das Gebiet der Stadt Kapstadt geographisch näher einzuordnen, genügte der Schulatlas nicht. Ich erhielt eine bessere Position nach Länge und Breite aus einer Seekarte, die im Kartenhaus für den Wachoffizier zum täglichen Versegeln ausgebreitet lag. Aus einer Spezialkarte waren noch genauere Informationen zu erhalten, so daß schließlich für den Hafen mit seinem »Victoria Bassin« folgende nautische Position 33° 54′ 28″ Süd und 18° 25′ Ost als absolutes Ergebnis herauskam.

Weit westlich davon lag unser augenblicklicher Standort, und somit hatten wir im Hinblick auf unseren Bestimmungshafen noch viele Meilen zu segeln.

Beide Passatwinde waren nicht gerade sehr günstig für uns gewesen. Der Nord-Ost-Passat hatte uns schon mehr als normal in den westlichen Nord-Atlantik versetzt und auch der Süd-Oster ließ zunächst keinen günstigeren Kurs zu. Trotz ständigen Segelns »hart an de Wind« gelang es nicht, die augenblickliche Länge in östlicher Richtung wesentlich zu verändern.

Die durchschnittliche Windstärke war in beiden Regionen jedoch so hervorragend gewesen, daß der Alte die täglich erwartete Kurskorrektur nicht vornahm, sondern den guten Wind nutzte, um zunächst verstärkt die Breite zu vergrößern. Die Furcht, durch eine vorzeitige Kursänderung in eine ausgedehnte Flaute zu geraten, die alle bisher ersegelten Vorteile aufheben würde, mag den Kapitän bewogen haben einen Kurs zu fahren, der als allgemeine Richtung mehr die »Horn« als das »Kap der guten Hoffnung« vermuten ließ. Aber frische Brisen sicherten dem Kapitän gute Durchschnittsetmale.

Während der bisherigen Fahrt vom Gebiet südlich der Kanarischen Inseln bis runter in den Süden, hatten wir uns nur selten auf dem Südamerika-Dampfertreck aufgehalten. Leider war es so auch nicht zu Begegnungen mit anderen Schiffen gekommen und nicht einmal mit Hilfe unseres Funkenpusters gelang es, Verbindungen zu schaffen. Das mag sicherlich auch an unserer Anlage gelegen haben, denn mit einem alten Löschfunkensender und einer Reichweite von max. 500 Seemeilen konnten entsprechende Versuche nicht optimal sein. Nur ein Zufall hätte etwas bringen können.

Eines Mittags jedoch tauchte an der Kimm ein Riesen-Kasten auf, der als Mitläufer sehr schnell näher kam, und sich bald als ein bekanntes deutsches Passagierschiff einer ebenso bekannten Reederei entpuppte. Natürlich sahen wir der Begegnung mit einer gewissen Neugier entgegen und hofften, eine kleine Abwechslung in unseren langsam stumpfsinnig werdenden Alltag zu bekommen.

Das Schiff lief in Luv einige Minuten auf gleicher Höhe, bevor der Dampferkapitän eine Runde um uns drehte. Offensichtlich machte er das aber nur, um seinen zahlreichen Passagieren, die fröhlich winkend an der Reling standen, etwas Unterhaltung zu bieten.

Ein wenig enttäuscht waren wir doch von dieser Begegnung, denn etwas mehr Aufmerksamkeit hatten wir doch erwartet. Gleichgültig ließen wir ihn weiterdampfen. Damit waren wir wieder allein mit der See und dem Wind – uns war es recht so.

Eines frühen Morgens hatte der Kapitän die erwartete Kursänderung befohlen, wir waren noch einige Grade südlich gesegelt, um dann am äußersten Rande der »steten westlichen Winde« unter Ausnutzung dieser günstigen Brise auf Kapstadt zuzuhalten. Dieser Umweg, der sich aus den bereits erwähnten ungünstigen Winden als notwendig erwies, war in der Distanz nicht unerheblich, zog man jedoch die Zeit der ersparten Flautentage in Betracht, gab es keinen Anlaß zur Kritik. Die gute Laune des Alten war die beste Bestätigung für diese Überlegungen.

Nach wenigen Tagen Fahrt zeigten sich bereits mehrere Seevögel, unter anderem ein Einzelgänger, der uns durch seine Tollpatschigkeit besonders auffiel. Keiner von uns kannte diese Vogelart. Er war etwas größer als eine Seemöve, wirkte sehr unbeholfen, kam aber ohne große Scheu auf das Poopdeck und ließ sich mit Abfällen füttern. Nach der Fütterung flog er regelmäßig auf eine bestimmte Rah und bekleckerte eifrig Segeltuch und Hochdeck, als sei das sein gutes Recht. Natürlich jagten wir ihn davon, doch bald reagierte dieser Dussel nicht mehr auf unseren Lärm, so daß jedesmal der Toppsgast wutentbrannt in die Wanten steigen und ihn vertreiben mußte. Mit einem Empörungsschrei erhob er sich, um nach wenigen Augenblicken an der gleichen Stelle wieder zu landen. Wir gaben ihm den Namen »Döskopp«. Ob es sich um einen Malamok gehandelt hat, vermag ich nicht zu sagen. Immer häufiger trafen wir neben den Seemöven auch kleinere Küstenmöven an und sogar ein Albatros sah nach, wer seinem Reich näher kam. Eine Seltenheit in dieser Jahreszeit, doch ein Beweis dafür, wie weit Süd uns der Wind getragen hatte.

Beinahe über Nacht und ohne sich zu verabschieden war der laue Passat zurückgeblieben und mit jedem Grad mehr Süd wurde die Veränderung der Wetterlage deutlicher. Die Temperaturen hatten um einige Celsiusgrade nachgegeben, die Brise frischte auf und wurde steifer, so daß die Royal und auch die Oberbram schon lange nicht mehr gefahren werden konnten. Selbst die Unterbram war kaum noch zu halten, bis der Kapitän sie schließlich entgültig festmachen ließ. Mit seinen Erfahrungen und seinem sicheren Gespür für bevorstehende Wetterveränderungen hatte er frühzeitig mit dem Rückwechsel der Segel in die stärkere Garnitur begonnen. Die großen Untersegel wurden dann nach und nach ausgetauscht, so daß die Arbeit bereits beendet war, als der Wind wieder verstärkt sein Lied in der Takelage sang.

Es war eine ruhige, sehr schöne Segeltour, die der Passat uns gebracht hatte. Selbst in dem klassischen Pamperogebiet vor und südlich von Kap Frio hatte es keine Turbulenzen gegeben, keine Spur von einem Sturm, ja nicht einmal meine Neugierde auf eine Wasser- oder Windhose wurde befriedigt. Nicht alle denkbaren Naturereignisse konnten mir schon auf meiner ersten Reise präsentiert werden, auch unsere Altbefahrenen hatten noch keine Wasserhose gesehen und so mancher Seemann mußte ein ganzes Berufsleben drangeben.

Aber meine Erinnerungen an Finkenwerder, wo mir verschiedentlich beim Landgang in Altona die Bezeichnung »Süßwassermatrose« und »Heini von der Matrosenfabrik« nachgerufen wurde, waren noch nicht verblaßt.

Wenn damals diese Titulierungen der Wahrheit auch sehr nahe kamen, so habe ich sie doch als eine Art Abklassifizierung oder mehr noch als Schimpfworte empfunden, denen ich ratlos gegenüberstand. Doch inzwischen hatte eine gute Ausbildung aus dem Süßwassermatrosen einen Segelschiffsmoses werden lassen, dem längst Seebeine gewachsen und dem die Arbeit in der Takelage zur Selbstverständlichkeit geworden war. Und was das schlechte Wetter anging, so würde es mit Sicherheit noch kommen, denn die West-Wind-Drift lag ja noch vor uns.

Die Entfernung bis Kapstadt konnte nicht mehr weit sein, denn eines Morgens sichteten wir eine große Schar Kaptauben. Bald kletterten erste dunkle Streifen an der Kimm über den Horizont, wurden klarer und in den Konturen schärfer, bis dann der Tafelberg, das Wahrzeichen der Stadt, deutlich erkennbar wurde.

Die Küste kam näher, die ersten Segel hingen bereits in den Gordings unter der Rah und wir waren bereit, in die »tabel bay« einzusegeln. Ein guter auflandiger Wind drückte uns hinein, dem wartenden Schlepper entgegen. Inzwischen war die Luft herrlich klar geworden, der Tafelberg lag wie zum Greifen nah, als wir die allerletzten Segel wegnahmen und die Schlepptrosse binnenbords um das Süll der Luke schlugen.

Eine Hafeneinfahrt anzusegeln, wie hier in Kapstadt, war eines der größten Erlebnisse, die es geben konnte. Alle Mann machten begeistert ihren Job und waren überaus froh, endlich die eintönigen Tage beendet zu sehen. Fast jeder hatte den Wunsch, die Annehmlichkeiten eines Lebens an Land nach eigenen Vorstellungen zu genießen und ganz besonders mußte es diesmal den Koch erwischt haben, der schon lange mit verträumtem Gesichtsausdruck an der Reling stand, hinüber zur Küste schaute und mit seinen Gedanken dem Zeitablauf weit voraus war.

Während der ganzen Einlaufphase hatte ich das enorme Glück, als zweiter Mann mit am Ruder zu stehen. Der eigentliche Törn war um, und durch den Trubel des Einlaufmanövers mußte Jule vergessen haben, für Ablösung zu sorgen. Mir war es recht, denn meine Position konnte nicht besser sein. Hier hatte ich die seltene Chance, alle einzelnen Manöver und die vielen kleinen Aufregungen aus nächster Nähe mitzuerleben. – Ich fand diesen sogenannten »Zustand« einfach großartig.

Die Begeisterung hatte mich so gepackt, daß ich beinahe wieder ein schönes und lautes Lied gepfiffen hätte wie damals in den ersten Passattagen.

Die speziellen Manöver waren für den Kapitän eine verantwortungsvolle Aufgabe und für die kleine Crew ein wildes Getobe. Natürlich ging im Eifer des Geschehens einiges daneben und gerade Nebensächlichkeiten liefen dann nicht wie gewohnt. Um so mehr wunderte es mich, daß nun diese kleinen Mißgeschicke den empfindlichsten Nerv unseres Alten trafen.

Voller Zorn lief er vor dem Ruder auf und ab, unzufrieden mit sich selbst und mit seiner Besatzung und erst dann, wenn er eine Menge starker »Zigarren« an die zufällig in der Nähe stehenden Matrosen verteilt hatte, glätteten sich wieder die Wogen. Die Jantjes kannten natürlich ihren Alten, und da niemand diese Flut über sich ergehen lassen wollte, war das Hochdeck plötzlich wie leergefegt. Alle sausten davon, so daß schließlich der völlig unschuldige Rudergänger herhalten mußte, obgleich der nur für seinen Kurs verantwortlich war.

Doch heute hatte es der Alte einfacher, heute stand noch jemand da, als zweiter Mann am Ruder mußte ich alles auslöffeln, was andere verbockt hatten. Ich, der Kleinste der Kleinen, der es gewohnt war, gelegentlich als Abladeplatz zu dienen.

Der Alte kam also auf mich zu und blieb mit einem funkelnden Unwillen in den Augen vor mir stehen, und ich kann mir gut vorstellen, daß auch mein Gesichtsausdruck in diesem Moment nicht gerade Freundlichkeit signalisierte.

Mit einem »Guck nicht so dumm« besann er sich und ließ Dampf ab. Gott sei Dank – ich war klargefahren!

In einiger Entfernung voraus, dort wo die Hafeneinfahrt erkennbar wurde, tummelte sich eine Vielzahl von Hafenfahrzeugen, Segelbooten und sonstigen schwimmenden Untersätzen, alles Ausflugsschiffe, voll beladen mit Schaulustigen, die vielleicht auf ein sportliches Ereignis warteten.

Als wir näher kamen, winkten die Leute zu uns herüber und die kleinen Fahrzeuge machten mit ihren Dampftüten und Typhonen einen Mordskrach. Anstatt uns Platz zu machen, schipperten sie teilweise bis auf wenige Meter an die Bordwand heran.

Was sollte der Trubel, meinte man etwa uns? Wohl kaum, einmal waren wir es ohnehin nicht gewohnt, irgendwo ein besonderes Interesse zu erwecken und zum anderen, wodurch sollte gerade unser Schiff diesen Trubel verursacht haben? Zugegeben, auch wir hatten unter den Leuten an Land interessierte Besucher oder auch Freunde und Liebhaber alter oder moderner Segler, und fast immer handelte es sich dann um einzelne shipslover oder um Gruppen von Sportseglern, die gern ohne jeden Tam-Tam an Bord kamen, um sich umzusehen und über Hals und Schot zu sprechen. Auch besuchten uns ehemalige Windjammer-Fahrensleute, die unter den Flaggen klassischer Seglernationen gesegelt waren, sowie Angehörige der Royal Navy.

Es hat uns immer wieder Freude gemacht zu sehen, wie glücklich die Besucher waren, wenn sich ihnen endlich einmal die Gelegenheit bot, auf den Planken eines Seglers zu stehen.

Hier in Kapstadt schienen allerdings die Uhren anders zu gehen, denn die Leute dort in den kleinen Booten meinten tatsächlich uns. Beim Einlaufen in das Hafenbecken blieben sie nicht zurück, sondern tuckerten in entsprechendem Abstand hinterher, bis die beiden Schlepper uns langsam an den Liegeplatz getaut hatten. Für uns war es ein ungewöhnliches Erlebnis und selbst unsere alten Leute konnten sich nicht erinnern, etwas Ähnliches schon einmal in einem anderen Hafen erlebt zu haben. Wenn wir als Schulschiff mit dem üblichen Trara eingelaufen wären, hätten wir diesen Auflauf schon verstanden. Bei den Segelschulschiffen war die Situation auch insofern anders, als diese Schiffe immer zu einem offiziellen Besuch erwartet wurden. Wir als Frachtsegler hatten dagegen nur die Absicht, unsere Ladung zu löschen. Trotzdem gefiel es uns sehr, so plötzlich Mittelpunkt des allgemeinen Interesses zu sein.

Nachdem das Schiff fest und der Lotse von seiner eigentlichen Aufgabe befreit war, führte er eine angeregte Unterhaltung mit dem Kapitän.

Jule stand zufällig in der Nähe, hörte zu und berichtete, unser

Kommen sei einige Tage vorher in einer aktuellen Sendung von Radio Kapstadt angekündigt worden. Hierbei hatte der Reporter ganz besonders die Romantik, die geschichtliche Entwicklung und die Rarität dieses Teils der Seeschiffahrt herausgestrichen und den Hörern dringend geraten, den Hafen aufzusuchen und das Einlaufen des großen Seglers zu erleben. So wie es aussah, hatten viele Leute Radio gehört, unsere Überraschung war komplett.

Der Besuch dieser Stadt am Tafelberg war für mich ein großes Ereignis.

Zu den Besonderheiten zählte ich zunächst die geographische Lage am Südzipfel Afrikas und es beeindruckte mich, im Zentrum einer frühen kolonialgeschichtlichen Entwicklung zu sein, das eine bedeutende Rolle im politischen und wirtschaftlichen Leben Süd-Afrikas gespielt hatte.

Ich erinnerte mich, was ich in der Schule über die Besiedlungspolitik des vorigen Jahrhunderts mit den Neben- und Folgeerscheinungen gehört hatte, an die Weltumsegler, an die ersten Umschiffungen des Kaps der guten Hoffnung und nicht zuletzt an Forschungs- und Entdeckungsfahrten, die vor langer, langer Zeit hier ihren Anfang nahmen.

Ich hatte mir vorgenommen die vielleicht einmalige Gelegenheit zu nutzen, um etwas von Land und Leuten zu erfahren. Mit etwas Glück, so hoffte ich jedenfalls, müßte es mir sogar gelingen, den »schwarzen Mann« in seiner natürlichen Umgebung zu erleben.

Zuerst suchte ich die Slum-Viertel unserer schwarzen Hafenarbeiter auf. Die Zustände dort deckten sich nicht mit meinen Vorstellungen. An anderen Plätzen in der Nähe des Hafens erging es mir nicht anders und da ich außerdem die Sache ziemlich planlos angegangen war, brachten mir diese Touren überhaupt nichts. Also schien es doch richtiger zu sein, sich einer Gruppe älterer Matrosen anzuschließen, die in solchen Dingen mit Sicherheit über einige Erfahrungen verfügten. Diese wollten aber den Moses beim Landgang nicht dabei haben. Also mußte ich, da ich kein lästiges Anhängsel sein wollte, allein losziehen und es dem Zufall überlassen, bei einem der Versuche Erfolg zu haben. Aufgeben wollte ich auch nicht so schnell, doch als ich dann auch im Deutschen Club keine Unterstützung fand, ja nicht einmal einen Tip bekam, verlor ich die Lust und wollte endgültig an Bord bleiben.

Gerade an diesem kritischen Tag machte ich eine Besucherbekanntschaft.

Einigen Besuchern war es wegen des Trubels nicht möglich gewesen an Bord zu gehen und so kamen sie jetzt vorbei, um in aller Ruhe den Segler zu besichtigen. Ein Zufall wollte es, daß ich gerade die Rolle des »Bärenführers« zu übernehmen hatte.

Die Familie war vor vielen Jahren aus England gekommen und hatte sich, wie bei vielen ihrer Landsleute, ein reges Interesse an der Segelschiffahrt bewahrt. Sie nahmen lebhaft Anteil an meinem Bordleben, waren äußerst liebenswürdig und zeigten sich meinen Plänen gegenüber sehr aufgeschlossen. Ihr spontanes Angebot, mich zu unterstützen und meine Freizeit sinnvoller zu gestalten, war beinahe des Guten zuviel.

An einigen Tagen gelang es mir, mit meinen neuen Freunden Landausflüge zu machen. Um mir die langen Busfahrten zu ersparen, holte man mich fast immer mit dem Auto ab und wir besuchten die Sehenswürdigkeiten in der Stadt, machten Ausflüge in die nähere und weitere Umgebung und fuhren auch zur Brandung am Cape Point.

Eines Tages ging es weit ins Landesinnere zu einem Eingeborenendorf, das noch nicht aus Wellblechhütten bestand. In diesem Kral, der mir fast zu gepflegt erschien, legten wir eine Pause ein und mit dem Einverständnis des Dorfältesten konnte ich mich umsehen.

Es war kein großes Dorf, etwa fünfzehn bis achtzehn Hütten

standen in unregelmäßigen Abständen auf einem Platz, gruppiert um die Hütte des Ältesten, der offenbar keine Häuptlingswürde besaß, denn sonst wäre sein Haus mit irgendwelchen Symbolen geschmückt gewesen, was er uns auch sicher mitgeteilt hätte.

Der Dorfplatz bestand aus glattem, hartgestampftem Lehm und sah wie gerade gefegt aus. Nirgendwo konnte ich Unrat entdecken, kein landwirtschaftliches Gerät und auch keine Haustiere, weder Hund noch Katze, und schon gar keine Ziege. Meine Freunde fanden das ebenfalls seltsam, wollten den Grimmbart aber auch nicht fragen.

Die Hütten, alle nach gleichem Muster gebaut, waren Rundbauten mit Wänden aus geschnittenen Baumästen und Grasmatten. Mit starkem Draht hatte man das Material zusammengeflochten und dadurch der Behausung die notwendige Festigkeit gegeben. Eine Aussparung in der Wand diente als Eingang, mehrere Ziegenfelle als Türvorhang.

Der Grundmauer entsprechend waren die Dächer rund mit einer steilen Spitze als Mittelpunkt. Zum Abdecken benutzte man langes Schilf- oder Steppengras. Einen Rauchabzug oder Ähnliches konnte ich nicht entdecken. Vermutlich wird man auf gemeinschaftlichem Feuer im Freien gekocht haben.

Eine der Hütten durften wir ausnahmsweise betreten, aber auch nur, weil ein Bakschisch gegeben wurde. Es gab auch nicht viel zu sehen in dem düsteren Loch, alles schien so unbewohnt zu sein. Meinen Vorschlag, doch Fenster einzubauen damit man sich besser zurechtfindet, fand der »Chief« nicht besonders einfallsreich, schließlich seien die Hütten immer so gebaut worden.

Der Hausherr sprach kein gutes Afrikaans und schien erleichtert zu sein, als wir endlich abdampften.

Dieses Unternehmen wäre mit Sicherheit ohne meine Freunde nicht so gut gelungen. Niemals sonst hätte ich so viel zu sehen bekommen und so reichhaltige Eindrücke sammeln können.

Dieser Tag war, trotz einer gewissen Ernüchterung und einiger Ungereimtheiten, besonders informativ gewesen, so daß ich meine romantischen Vorstellungen zu diesem Thema gründlich berichtigen mußte.

Wer erwartet denn auch in einem Kral europäische Töpfe und Pfannen neben einer Vielzahl ausgedienter Petroleumkanister der Marke SHELL?

Bei einem weiteren Tagesausflug bekam ich durch meine Freunde doch noch einen bewohnten Kral zu sehen und ich habe den »schwarzen Mann« in seinem Alltag, seiner Umgebung erleben können.

Welch eine herrliche Zeit, ohne Zweifel eine echte Sonnenseite meines Seemannslebens.

Trotz dieser interessanten Ausflüge mußte mein Job an Bord natürlich weiter gehen und da die Backschaft an einigen Tagen auch mal liegen blieb, hatte ich nach meiner Rückkehr ganz schön zu schuften.

Inzwischen machten die Löscharbeiten an der Ladung gute Fortschritte. Auf den Decks und in den Masten war alles in erstklassigem Zustand und Jule nutzte das trockene Wetter dieser Liegezeit, um außenbords an beiden Seiten des Vorschiffs einige verwaschene Roststellen bearbeiten zu lassen, während eine andere Gang den noch nicht sehr starken Algenbewuchs an der Wasserlinie entfernte.

Bei längeren Reisen bildeten eine Unmenge Muscheln, sogenannte Langhälse, einen um das ganze Schiff herumführenden Streifen von ungefähr ½ Meter Breite, der zu Fahrteinbußen von 1 bis 2 Seemeilen pro Stunde führen konnte. Mit einem Dreikantschraber ließen sich diese Dinger mit ihren kalkigen Saugköpfen wieder entfernen, aber in der Regel wurde dabei auch der Unterwasseranstrich beschädigt, der dann wieder ausgebessert werden mußte.

Der Kapitän bestellte eines Tages seine Offiziere und die Chief-Matrosen beider Seewachen zu sich ins Kartenhaus und berichtete seinen staunenden Zuhörern eine besondere Begebenheit.

Bei einem Besuch im Deutschen Club hatte er einem Rundfunkmann von unserem Chor erzählt und ihm die Zusage gegeben, unsere Gesangsgruppe einige Shanties in einem Nachmittagsprogramm singen zu lassen.

Die Sendung war für einen der nächsten Tage geplant.

Eine solche Bombenüberraschung hatten wir von unserem Kapitän wirklich nicht erwartet. Ihm mußte unsere Singerei also doch gefallen haben, sonst wäre er kaum auf das Angebot eingegangen. Mit Hochdruck bereiteten wir uns vor, übten abends auf dem Achterdeck und machten gute Fortschritte. Wenn zufällig vorbeikommende Hafenbesucher an Bord kamen und Beifall klatschten, stärkte das unser Selbstvertrauen und gab uns Mut. Der Kapitän hatte den 2. Offizier, wohl aus Furcht vor einer Blamage gebeten, die Begleitung der Gruppe zu übernehmen.

Als es soweit war, fanden wir uns rechtzeitig beim Sender ein. Alles war aufregend und neu für uns und nachdem ein heftiges Lampenfieber überwunden war, klappte unsere Vorstellung bestens.

Dann war der Bordalltag wieder da; wir waren abgefertigt und die Versorgung des Schiffes mit Proviant und Wasser abgeschlossen. Drei lebende Schweine nahmen wir als Frischverpflegung an Bord, dazu einige Hühner und natürlich durfte auch der Hahn nicht fehlen. Da wir Weihnachten auf See sein würden, hatte man auch an einen Tannenbaum gedacht.

Die Unterbringung der Schweine ließ sich relativ leicht organisieren. Der Zimmermann – auch Blau genannt – baute einen Verschlag unter der Back mit Koben, Holzpritsche und Futtertrog. Vorläufig hatten alle drei ausreichend Platz, später würde sich dann die Platzfrage von selbst lösen. Für Hühner und

Hahn gab es schon seit vielen Jahren auf der Poop einen festinstallierten Hühnerstall.

Die Besatzung ergänzte ihren privaten Ausrüstungsbedarf in der Stadt oder durch Einkäufe an Bord aus der Schlappskiste des Kapitäns, die jetzt allerdings noch unter Zollverschluß lag und wenige Tage nach dem Auslaufen wieder geöffnet wurde. Es handelte sich um Waren des täglichen Bedarfs, die zwar dringend gebraucht aber immer wieder beim Einkauf an Land vergessen wurden.

Neue Ladung hatten wir leider nicht bekommen, obwohl wir einige hundert Tonnen hätten gut gebrauchen können. Es war eben doch sehr schwer, in einer Zeit des immer schneller werdenden Warenumlaufs Fracht für Segelschiffe zu schließen, wie wir schon in Ancona vermutet hatten.

Der Ballast aus Dublin war durch das Gewicht vom Schwefelkies eine zusammengepreßte, kompakte Masse geworden, so daß mit Sicherheit ein Übergehen bei schlechtem Wetter auszuschließen war. Trotzdem wurden die Ballastpacken noch zusätzlich mit starken Bohlen, Kettenwerken und Drahtfestmachern gelascht und gesichert, um so jede Möglichkeit des Verrutschens zu verhindern. Die Vorbereitungen für das weitere Seeklarmachen des Schiffes wurden besonders sorgfältig getroffen.

Alle vier Luken und auch die Lüfter, die ohnehin mit Sicherungsdeckeln fest verschlossen wurden, erhielten starke Persenninge in dreifacher Lage und Schraubbügelbefestigungen. Überall war Jule dabei, nichts geschah ohne ihn, er schien von der vor uns liegenden West-Wind-Trift allerhand zu erwarten.

Als die Schlepper uns von der Pier zogen, standen viele Freunde und Bekannte am Mohlenkopf und verabschiedeten uns herzlich. Der gerade eingelaufene deutsche Musikdampfer »UBENA« signalisierte mit seiner Dampfpfeife ein lautes »Mast- und Schotbruch«, als wir in langsamer Fahrt die Hafenanlagen verließen und frei von Land kamen.

Der Alte ließ frühzeitig Segel setzen, um aus der Bay herausse-
geln zu können. Das Schiff gewann freies Wasser zur weiteren
Fahrt nach Australien

Albatrosse

Wir gingen zunächst auf südliche Kurse, änderten aber bald in östliche Richtungen und nutzten die vorherrschenden günstigen Winde aus, die uns dann auch einige Längen Ost brachten.

An Backbord blieben die Küsten Südafrikas immer mehr zurück, bis sie endgültig im fahlen Dunst der Kimm verschwanden. Eine aufkommende Sichtverschlechterung veranlaßte den Wachoffizier nach Rücksprache mit dem Kapitän, den Ausguck auf der Back mit einem Doppelposten zu besetzen und zur weiterer Sicherheit einen Vollmatrosen auf die Marsplattform des Fockmastes zu beordern. Dieses Seegebiet war für einen regen Schiffsverkehr bekannt und die über das übliche hinausgehende Vorsichtsmaßnahme unseres Kapitäns daher verständlich. Der Alte wußte was er zu tun hatte, dessen waren wir uns absolut sicher.

Viele Schiffe internationaler Afrika-Linien trafen hier auf Dampfer anderer stark befahrener Routen, die alle in der Nacht wie strahlende Tannenbäume an uns vorbeizogen. Dieses Lichtermeer gehörte zu den Kombischiffen, die als Frachter mit Einrichtungen für ca. 40 bis 60 Passagiere diese Region befuhren und deren hellerleuchtete Gesellschaftsräume weit durch die Nacht flimmerten.

Am Tage, und bei guter Sicht brachten uns lebhafte Dampferstraßen keine Probleme, denn schließlich waren die Ausweichpflichten international geregelt, aber mit Eintritt der Dunkelheit mußten wir doppelt aufpassen. Wir segelten fast ohne Lichter, nur mit zwei Positionslaternen auf der Back und einer weiteren Lampe am Heck in ein ungewisses Dunkel und fühlten uns nicht immer wohl. So lange wir den Dampfertreck noch nicht endgültig verlassen hatten, blieb die Crew unruhig, blieb ein ungutes Gefühl, und für den Notfall hatten wir nur das bereitgestellte Magnesium und ein in Windeseile abgefackeltes Blaulicht als allerletzte Möglichkeit, auf uns aufmerksam zu machen.

So haben wir uns bis zur Länge von East London durchgemogelt und bei gleichbleibender Brise eine gute Distanz hinter uns gebracht.

Doch dann hieß es Kurs »Süd-Ost zu Süd«, hinein in das Gebiet der steten westlichen Winde, hin zu den »brüllenden Vierzigern« wie sie noch treffender genannt werden.

Mit zunehmender Breite nahm der Wind weiter kräftig zu, die See ging höher, so daß die »MAGDALENE« mit guten Etmalen dem rauhen Süden entgegenfuhr.

Das Süd-Meer ist eine riesige, ausgedehnte Wasserwüste zwischen dem 40ten und 60ten Breitengrad und nur die Spitze Süd-Amerikas und einige kleine Inseln ragen in die Weite dieses Gebietes.

So ist es einem Windjammer durchaus möglich, eine Weltumseglung nur mit östlichen Kursen unter Ausnutzung ständiger westlicher Winde zu machen. Wegen dieser steten und außerdem sehr verläßlichen Brise, die nur an Ausnahmetagen auch etwas schwächer sein kann, wird hier von dem Gebiet der »braven Westwinde« gesprochen.

Häufig aber toben hier Stürme von unvorstellbarer Heftigkeit, teilweise in Orkanstärke, über die aufgewühlte See und es fällt dann schwer, an »brave Winde« zu glauben. Die Bezeichnungen wie »roaring forties« oder auch »down the east«, die aus der Zeit der Woll-Clipper-Fahrer kommen, sind da schon treffender, weil sie den tatsächlichen Wetterverhältnissen mehr entsprechen.

Trotz des fast garantiert schlechten Wetters bevorzugten Segelschiffskapitäne diese Südrouten, denn nur hier waren ihnen in jedem Falle schnelle Reisen sicher. Nur große Schiffe, gut gebaut und ausgerüstet, hatten eine Chance, der harten See zu widerstehen. Auch dem besten Kapitän blieb der Erfolg versagt, wenn das Material seines Schiffes den immerwährenden Belastungen nicht standhielt, wenn die Segel aus den Liken flogen, Stengen und Rahen brachen und schließlich ein Anluven nicht verhindert werden konnte. Sein Schiff schlug quer zur See und war damit den überkommenden Brechern erbarmungslos ausgeliefert.

Viele Segler mit tüchtigen Kapitänen sind in diesem Gebiet verschollen, ohne daß die Ursache je bekannt wurde. Ganz sicher hat auch mancher Kapitän sein Schiff so stark geknüppelt, daß es einfach unterschnitt und ebenso sicher ist der Crew oft nicht die Zeit geblieben, rechtzeitig die Schoten loszuwerfen, um den riesigen Druck von den Masten zu nehmen, um das Schiff und sich selbst zu retten.

Auf welcher Breite würden wir den Weg nach Australien nehmen?

In einem alten Segelhandbuch war nachzulesen, daß die »brüllenden Vierziger« während der Sommermonate, also von Dezember bis Mitte März, weniger stürmisch wären. Es könnte hier in dieser Zeit gut gesegelt und ohne Gefahr schnelle Reisen gemacht werden. Nun, wir würden es ja erleben.

Jeden Morgen, wenn die Freiwache unter Deck ging, wurde es merklich kühler und so nach und nach suchten die Jantjes ihre warmen Wollpullover und die dicken Arbeitshosen heraus, auch der Pudel wurde wieder getragen. Seestiefel und Ölzeug wurden mit Tran bearbeitet und hingen frisch überholt an dem dafür bestimmten Platz, damit sie bei Bedarf schnell zur Hand waren. So traf jeder seine Vorbereitungen.

Täglich frischte der Wind stärker auf. Die Royals und die beiden Bramsegel standen schon seit längerer Zeit nicht mehr, und bei weiter zunehmender Brise würden sehr bald die Obermarsen dichtgemacht werden müssen.

Seit Tagen begleiteten uns einige große Albatrosse. Sie umkreisten uns Tag und Nacht, segelten mal auf der Höhe der Back, mal mehr zum Achterschiff hin und nutzten dabei geschickt den durch die Segelfläche entstehenden Aufwind, ohne auch nur einen Flügelschlag zu tun.

Mit scharfem Auge beobachteten sie alles was sich im Wasser und bei uns an Deck bewegte, nichts entging ihnen, jede leichte Windveränderung registrierten sie sofort. Mich aber kannten die Tiere besonders gut, denn immer, wenn ich nach den Mahlzeiten mit der Pütz das Deck betrat, nahmen sie sofort mit einem seltsamen Gekrächze hoch über mir ihre Position ein, um sich dann achteraus mit großer Gier auf die ins Meer geschütteten Essensreste zu stürzen.

Ihre Landungen auf dem Wasser sahen glatt und gekonnt aus, während der Start plump und schwerfällig war. Aber sie schafften es stets und es dauerte nicht lange bis sie ihre alten Standorte wieder erreicht hatten, die sie dann auch während der Nacht nicht verließen.

Es war uns bekannt, daß Albatrosse gefangen wurden um Federn und besonders Frischfleisch zu bekommen. Unser Zimmermann kannte sich in solchen Dingen aus und baute eine Schnabelklemme als Angel, die mit einem Salzfleischköder an einer langen Wurfleine achteraus gelassen wurde. Die Vögel hatten aber sehr wohl die Veränderung gegenüber der sonst üblichen Restepütz bemerkt und beobachteten mißtrauisch abwartend den Bissen, der sich dort im Kielwasser bewegte. Eines der Tiere ließ jedoch alle Vorsicht außer acht und nach einem kräftigen Schnabelhieb in den Köder saß es so fest in der Angel, daß wir die Leine mit dem daranhängenden Vogel einholen konnten. Das tollpatschige Tier sollte seine Freiheit nicht lange einbüßen, denn nachdem der Zimmermann bei der Vermessung der Flügelspannweite mit seinem Zollstock auf beachtliche drei Meter kam und wir uns unseren Freund ein wenig genauer besehen hatten, setzten wir ihn wieder über das Heck in die See. Als Belohnung für den Schreck spendierte ich eine volle Pütz Abfälle.

Jule hatte uns von der Brücke aus beobachtet und war sichtlich zufrieden, als der Vogel unbeschädigt an der Luvseite Stellung bezog. Seiner Meinung nach hatte die Seele eines ertrunkenen Segelschiffsmannes in der Brust dieses schönen Seevogels Platz gefunden und aus diesem Grunde sei dem Albatros mit Respekt zu begegnen.

Diese Einstellung war typisch für ihn. Wir jungen Leute blieben allerdings unbeeindruckt von solchen Erzählungen.

Unser Borstenvieh aus Kapstadt, das weiter an Gewicht und Größe zunahm, hatte sich bald an die Seefahrt gewöhnt und sogar bei schlechtem Wetter glichen sie geschickt die Roll- und Stampfbewegungen des Seglers aus. Wenn an einigen Tagen einmal weniger Wasser überkam, sperrten wir den Schweinekoben auf und ließen sie für einige Stunden auf dem Vordeck frei herumlaufen.

Es war die Aufgabe des Kochs, die Tiere zu versorgen und da er oft weder Zeit noch Lust hatte, nahm ich ihm die Arbeit ab. Diese Fütterungen verliefen alle reibungslos und nur bei stärkerem Seegang mußte ich auf dem Weg zur Back mit der vollen Pütz ziemlich jonglieren, um nicht zu viel von dem angerührten Futter zu verlieren.

Um die Hühner brauchte ich mich nicht zu kümmern, da sie zum privaten Bereich des Kapitäns gehörten und ihn fleißig mit Frühstückseiern versorgten.

Schlechtwetter in der West-Wind-Drift

Meine Freiwache ging von Mitternacht bis 4 Uhr morgens und ich lag schlafend in der Koje.

Durch laute Geräusche, wie ich sie bisher noch nicht auf dem Schiff gehört hatte, wurde ich geweckt. Starke Roll- und Stampfbewegungen unseres Seglers und das Heulen des Windes in den Wanten ließen nichts Gutes ahnen. Was war draußen los, daß man diesen Lärm bis hier hörte? Nach und nach gingen im Logis nicht sorgfältig gestaute Gegenstände über Stag oder fielen von den oberen Spindborden.

Die Batteriepfeife, mit der das Signal »all hands on deck and the cook« gegeben wurde, hörten wir in unseren Wohnräumen so deutlich, als befände sich der Wachhabende nebenan im Betriebsgang unseres Wohndecks, um uns in größter Eile und mit Nachdruck hochzujagen. Noch bevor der Läufer der Wache, der Flötentörn also, die Kammern erreichte und uns mit einem langgezogenen »Reise ... Reise ... Reise« purren wollte, hatten wir die Kojen bereits verlassen.

Hastig zog ich mich an, schnappte mir Seestiefel und Ölzeug und dann nichts wie raus. Mir schien, das Signal hatte schrill geklungen und zur besonderen Eile aufgefordert.

Der normale Ausgang zum Vordeck war schon zugeschottet, eingedrungenes Seewasser schwappte mir im Laufgang entgegen und da die Schotten zum Versaufloch ebenfalls dicht waren, blieb nur der direkte Niedergang von der Funkenbude auf das Hochdeck, um schnell in die Nähe des Großmastes zu kommen. An Deck war es stockdunkel. In Mastnähe versammelte sich die Freiwache und wartete hier die Einsatzbefehle ab.

Unmittelbar neben der Kompaßsäule stand der Kapitän. Er beobachtete die Segel, den Windflögel und nicht zuletzt Wind und Wetter, wobei Jule und der Zweite ihn nach Kräften unterstützten. Hin und wieder hörte ich ein kurzes Ruderkommando, das der 1. Mann am Ruder im gleichen Wortlaut deutlich wiederholte. An dem großen Handruder standen vier Mann auf der Gräting, alle vier in Ölzeug und Südwester und mit Sicherungsgurten angeschnallt.

Du lieber Himmel, wir waren drin, wir hatten die »roaring forties« mit ihren stürmischen Winden erreicht.

Ich stand an der Leeseite des Oberdecks, wo ich mich zwischen Decksaugen und Blöcken eingeklemmt hatte, um nicht auf dem glitschigen, nassen Holzdeck umgeworfen zu werden und wartete zusammen mit den anderen Seeleuten auf das Kommando zum Segelbergen.

Gab es bei diesem miesen Wetter überhaupt noch die Chance, die Segel wegzunehmen und würden wir uns bei den starken Schlingerbewegungen und dem langdurchgezogenen Überholen des Schiffes sicher in der Takelage bewegen können mit dem hinderlichen Ölzeug, einem Südwester und den trandurchtränkten Seestiefeln an den Füßen?

Die zwischendurch wieder gesetzten Unterbram mußten wir bald einholen. Auf der letzten Wache waren das Großsegel und die Bagien noch gut geborgen worden, bevor heftige Sturmböen das Schiff überfielen. Im Augenblick standen neben allen Marssegeln, die Fock, der Unterbesan und noch wenige Stagsegel und die zunehmende Wetterverschlechterung zwang uns, die Segelfläche weiter zu reduzieren, das mußte bald gemacht werden, sollte nicht doch noch einer der großen Lappen davonfliegen.

Bei solchem Wetter stellte ein Segel-Manöver sehr harte Anforderungen an die Seeleute, die eine Wache allein ohne Hilfe nicht schaffen konnten. So entschloß sich der Kapitän zum »all hands«-Manöver, wobei er gleichzeitig den Zimmermann, Segelmacher, Koch und Steward an Deck beorderte, damit alle Männer kräftig die Wachen unterstützten, denn »all hands on deck and the cook« war das Signal gewesen.

Es wurde hell und es hatte sich noch nichts geändert. Im Gegenteil, ich hatte das Gefühl, als hätten Wind und Seegang noch zugenommen, Rasmus also noch zugelegt, und der kräftige Wind raumte immer mehr und kam jetzt vierkant von achtern.

Mit einem unheimlichen Pfeifen und einem heiseren Röhren preßte sich die einfallende Böe durch die Takelage, so als warte sie auf ihre Chance, auf eine Möglichkeit, die Segel zu zerfetzen. Die Plünnen standen dann auch so steif als würden sie jeden Moment reißen und das helle Singen in Stahldrähten und Tauwerk machte die große Belastung deutlich, der die Masten durch den enormen Druck der Segel ausgesetzt waren. Wenn nur die Schoten nicht brechen würden – ein wenig besorgt ließen wir sie nicht aus den Augen.

Als ich zufällig nach achteraus schaute, sah ich sie herankommen: Graugrüne, schaumgekrönte Wellenberge stürmten auf uns zu, richteten sich steil auf, hoben das Achterschiff hoch empor und ließen das Vorschiff ins tiefe Wellental sausen, so daß ich glaubte, wir kämen nicht wieder hoch und würden unterschneiden.

Eine Unmenge Wasser von riesigen Brechern brach mit großem Getöse auf das Deck herein und wusch alle Gegenstände weg, die nicht sorgfältig festgelascht waren. Das Hauptdeck konnte trotz gespannter Strecktaue und Sicherungsleinen bei diesen ständig überkommenden Wassermassen nicht mehr betreten werden.

Und unser Kapitän? Er war die Ruhe in Person und gab klar und deutlich seine Kommandos, die Steuerleute blieben in seiner Nähe und hielten sich für seine Anordnungen bereit.

Noch immer standen beide Seewachen eingekeilt am Großtopp

und warteten auf die Möglichkeit, in den Mast zu gehen. Es galt, eine sich bietende Chance zu nutzen, um endlich die Plünnen herunterzubekommen. So ging die Zeit hin bis zum Wachwechsel.

Doch dann, von einem Augenblick auf den anderen ließ der Sturm nach und schon war die Crew auf dem Weg nach oben.

Kommandos, Pfeifensignale, lautes Brüllen, alles durcheinander und zu gleicher Zeit, das waren die akustischen Merkmale unseres plötzlichen Einsatzes und mit Elan gingen wir die Sache an, noch bevor uns die Befehle richtig erreicht hatten.

»Alle Obermarsen einholen! Groß- und Kreuzmast zuerst! Jede Wache einen Part!«

Jules lautes Rufen eilte uns nach.

Es machte mir einige Schwierigkeiten, die Püttings von der Mars flott zu schaffen, die vielen Klamotten und auch die schweren Seestiefel hinderten mich sehr und ließen jede Bewegung schwerfällig werden.

In den Kreuztopp hatte Jule mich geschickt und zu viert gingen wir mit klammen Händen das Segel an. Zwei Mann standen auf jeder Seite im Fußpferd, zu wenig für eine Arbeit, die schnell getan werden sollte. Inzwischen hatten die Leute an Deck die Schoten losgeworfen und rissen mit allen Kräften an Gordings und Geitauen. Wie wild knallte das Segel in der Gegend herum und bauschte sich zu einem aufgeblasenen Ballon. Weit draußen, die Füße leicht nach achtern im Fußpferd eingestemmt, den Bauch fest an die Rah gepreßt, bemühte ich mich das Tuch auf das Rigg zu bringen.

Langsam, Lage für Lage, wurde der Wulst kleiner. Es war nicht leicht, verdammt noch mal. Das Segel war steif, naß und schwer, dazu die weitausholenden Rollbewegungen des Schiffes, die die Arbeit nicht gerade erleichterten. Außerdem befand ich mich auf ungefähr dreißig Meter Höhe und bei diesem Wetter hieß es besonders achtgeben und niemals vergessen:

»Eine Hand für das Schiff, die andere Hand braucht jeder dringend für sich selbst.«

Mit einem gemeinsamen Hau-Ruck hatten wir das Dichtmachen schließlich geschafft. Alle Segel lagen ordentlich zusammengerollt, wo sie hingehörten. Sorgfältig mit Zeisingen festgemacht, hatte der Wind keine Möglichkeit mehr, Schaden anzurichten. Wir hatten das Tuch bezwungen.

Sehr viel schwieriger war es, bei dem augenblicklichen Seegang die Segel des Vortopps zu bergen. Die vorderen Außennagelbänke, die einen Teil des laufenden Gutes dieses Mastes aufnahmen, wurden bei jeder überkommenden See, zuerst an der Luvseite und dann auch in Lee, mit einem starken Gischtschwall überschüttet. Erst dann, wenn die alte »MAGDALENE« erneut einen Wellenberg hinaufkletterte, lief das Wasser nach Mittschiffs zu, dadurch wurde der vordere Teil des Decks frei und wir kamen an den Fockmast heran.

Jule übernahm wieder das Kommando und bestimmte die Aufgabenverteilung. Für ihn, den alten Segelschiffsmann, befanden wir uns in keiner schwierigen Lage, wir hätten es lediglich mit typischen Schlechtwetterverhältnissen zu tun und mit kühlem Kopf zu überlegen, was in der jeweiligen Situation für das Schiff am besten sei. Es hat mich beruhigt, ihn so reden zu hören.

Beide Wachen sollten in den Vormast gehen und auch Jule selbst wollte mit nach oben. Sechs Matrosen rief er namentlich auf, um die noch stehende Obermars einzuholen. Alle anderen und zu denen zählte auch ich, hatten die notwendigen Arbeiten an Deck zu übernehmen und den Leuten im Mast alle Unterstützung zu geben. Jeder Mann akzeptierte Jules Anweisungen und es war in diesem Moment völlig gleichgültig, welche Arbeit innerhalb der Crew gemacht werden mußte.

Über die Laufbrücke und übers Vordeck stürmten alle Mann zum Vorschiff. Bei der nächsten überkommenden See jumpten wir so schnell es ging in die Wanten, hingen dort wie die Affen im Baum und warteten, bis das Wasser nach Mittschiffs ablief.

Bei dieser Aktion mußte jeder sehen, wie er klar kam und selbst aufpassen, nicht von der See erwischt zu werden.

Noch bevor es Abend wurde, hatten wir das ganze Manöver hinter uns gebracht. Die Segel waren fest, die Decks aufgeklart und jeder Tampen wieder an seinem Platz. Die Crew war zwar erschöpft, aber doch zufrieden mit dem Tagesverlauf, denn keiner von uns war zu Schaden gekommen.

Nach langer Zeit hatten wir jetzt endlich Gelegenheit, die nassen Klamotten zu wechseln und uns in einigermaßen trockenen Sachen zu bewegen, aber leider gab es auf dem Schiff keine Möglichkeit, naß gewordene Kleider zu trocknen. Eine Lufttrocknung in der Kammer brachte bei der hohen Luftfeuchtigkeit nichts, so daß wir gezwungen waren, das Unterzeug während der Freiwache, sofern wir in die Koje kamen, am Körper trocken zu schlafen. Das dauerte lange und wir froren entsetzlich dabei, aber es war die allerbeste Lösung, denn die Kombüse mit der einzigen Feuerstelle an Bord konnte als Trockenplatz nicht in Frage kommen.

In der Zwischenzeit hatte der Koch versucht, eine warme Mahlzeit für die Besatzung zu bereiten und trotz erheblicher Schwierigkeiten war es ihm auch gelungen. Er war sonst kein großer Künstler in seinem Fach und kochte fantasielos, fast jeden Tag das Gleiche, aber in diesem Fall übertraf er sich selbst und zauberte erstklassigen »Plum und Klüten«, er konnte also, wenn er nur wollte.

Wenig später rief zu unserer Überraschung wieder die Batteriepfeife zu einem »all hands«.

Das Wiederholungssignal durch den Funkenbudenniedergang kam besser an, es hieß, »Besanschot an«. Schon machten sich die ersten Jantjes auf den Weg. Auf dieser Reise hatte es noch keine

»Besanschot« gegeben und ich war neugierig, wie sich die Zeremonie wohl abwickeln und ob der Alte auch mir, trotz meiner jungen Jahre, einen aus der Flasche einschenken würde. Und da es keinen Grund gab, freiwillig auf den Schnaps zu verzichten, schloß ich mich erwartungsvoll der Crew an.

Im gemächlichen Trab erreichten wir das Hochdeck, als der Kapitän seinem 2. Offizier gerade die Führung des Schiffes übergab. Er hatte also noch immer in der Nähe der Kompaßsäule gestanden, allein mit seiner Pflicht gegenüber Schiff und Mannschaft. Besonders in solchen Augenblicken hatte ich eine sehr hohe Meinung von den seemännischen Qualitäten unseres Kapitäns.

In der Nähe der Kartenhaustür stand der Steward mit einer Flasche Köm und einem Glas in der Hand und wartete, bis der Kapitän nach einigen kurzen Worten den Rundumtrunk eröffnete. Der Steward füllte immer wieder das einzige Glas, das der Alte jedem einzelnen mit einem »Prost« übergab. Auch mein Glas wurde bis zum Rand vollgeschenkt und niemandem ist es eingefallen, mir den wunderbaren Klaren streitig zu machen. Leider gab es nur diesen einen Schluck, aber auch das war guter Brauch und für einen sparsamen Kapitän gab es keinen Grund von der Regel abzugehen.

Die Stimmung an Bord war ausgezeichnet, unsere Sturmsegel standen, alle Plünnen lagen geborgen auf der Rah und kein Einziges war zerrissen oder beschädigt worden. Damit hatten wir alles getan, um die kommenden Tage gut zu überstehen.

In den nächsten zwei bis drei Tagen blieb das Wetter unverändert. Der Wachbetrieb verlief völlig normal, nicht besonders wichtige Decksarbeiten stellten wir für die nächste Zeit zurück. Stattdessen beschäftigten wir uns verstärkt mit dem Segelmaterial, um durch regelmäßige Kontrollen eventuelle kleine Schäden an Segeltuch und Tauwerk sofort auszubessern.

Es regnete immer noch, wir kamen aus dem unbequemen Ölzeug nicht mehr heraus.

Beim nächsten Wachwechsel war die Backbord-Wache dran und, wie konnte es anders sein, ich war beim ersten Rudertörn dabei. Es kam selten vor, daß ich einmal verschnaufen konnte. Matrosen und Leichtmatrosen machten Arbeitsteilung, aber wer teilte die Arbeit des Schiffsjungen?

Nur zwei Mann standen am Ruder, der Wind kam noch aus der gleichen Ecke, aber die See war weniger grob. An der Luvseite, auf der Höhe der Vorobermars segelten Albatrosse, wie vorher auch, als wäre nichts gewesen.

Die scharfe Brise der letzten Stunden war unstet geworden. Sobald die Windstärke etwas nachgab, ließ der Wachoffizier zunächst die Vorobermars setzen und wenn er eine Möglichkeit sah, auch die Obermarsen im Groß- und Kreuztopp. Wie es das Pech wollte, briste es nach wenigen Stunden wieder stärker auf und die gerade erst gesetzten Segel mußten erneut weggenommen werden. Das wiederholte sich fast auf jeder Wache.

Auf diese Art konnten ohne Zweifel einige Seemeilen Fahrt herausgeholt werden und der hauptsächlich in Etmalen denkende Wachhabende war nicht mehr zu bremsen, wenn es darum ging, dem Kapitän erfreuliche Ergebnisse zu melden. Daß ich regelmäßig mit zu denen gehörte, die auf der Rah die Zeisinge zu lösen hatten, war fast selbstverständlich. Also rein ins Fußpferd und im flotten Tempo raus bis zur Nock. Bis dann das Deck wieder erreicht und alle Tampen aufgeklart waren, dauerte seine Zeit.

Allmählich wurden wir müde und mißmutig. Niemand sah einen vernünftigen Grund in diesen Manövern, die uns außerdem eine enorme körperliche Kraft abverlangten. Unseres Erachtens waren sie wenig sinnvoll und mehr eine Macke unseres Alten. Eine zunehmende Gereiztheit breitete sich aus, die unserem Zusammenleben im engen Mannschaftslogis nicht gut tat.

Um diese aufgestauten Agressionen abzubauen, bastelten wir eines Abends in der Messe ein Spottlied auf die Reederei zusammen, das wir bei jeder sich bietenden Gelegenheit anbrachten. Es ging so:

>»Wir fahren bei Vinnen & Co
und werden des Lebens nicht froh,
für ein Stück Hartbrot und Salzfleischgestank
fahren wir drei Jahre lang.«

Wenn Jule das Lied hörte, reagierte er ziemlich nervös und bat uns, Schluß damit zu machen, aber wir wiederholten es immer wieder, bis er richtig böse wurde.

Er muß sich sehr darüber geärgert haben und bei nächster Gelegenheit, als wir wieder einmal laut in der Takelage sangen, erwartete Jule uns unten zwischen Mast und Luv-Want. Schließlich konnten wir nicht immer oben bleiben. Wir sausten also so schnell es ging die Wanten runter, während Jule versuchte, einen der Übeltäter kräftig in den Hintern zu treten. Doch bei dem provozierten Durcheinander blieb es mehr bei einem Versuch, denn flink wie die Wiesel stürmten wir davon, noch bevor Jule überhaupt in der Lage war, einen der Missetäter gezielt aufs Korn zu nehmen.

Eines Tages, wie konnte es anders sein, wurde ich Jules Opfer und dabei ging es ganz lustig zu.

Wieder einmal hatten wir aus einem uns wichtig erscheinenden Anlaß das Spottlied gesungen. Auf dem Achterschiff war am Gaffeltoppsegel, also am Besan, etwas in Ordnung zu bringen und anschließend mußten wir weiter zur Back und dabei das Hochdeck passieren.

Auf dem Wege dorthin geschah es dann.

Jule hatte uns kommen sehen und sofort seine Chance erkannt.

Er hatte sich blitzschnell hinter einer Niedergangshaube an der Leeseite versteckt, ohne von uns bemerkt zu werden.

Völlig überraschend stellte er sich uns in den Weg und war wild entschlossen, seine Strafe jetzt anzubringen, gleichgültig, wen es gerade treffen würde. Dummerweise stand ich ihm am nächsten und dazu noch in seiner Schußlinie. Mit großer Wucht trat Jule zu. Doch seine Bewegungen waren zu hastig, seine Bombe traf nicht. Gerade in diesem Moment überholte der Pott gewaltig nach Lee, und mein Freund, der Jule, ohnehin im labilen Gleichgewicht, kam zu Fall und rutschte auf seinem mit einer Ölhose bekleideten Hintern in affenartiger Geschwindigkeit in den Wassergraben am Schanzkleid.

Da lag er nun, völlig verdutzt und durch den Wind gebracht und verstand einfach nicht, wie er dorthin gekommen war. Es war für uns ein herrliches Bild, eine urkomische Situation, unseren ersten Offizier auf diese Weise übers Deck schlittern zu sehen.

Bevor wir ihm helfen konnten, stand er schon wieder. Mit einem halben Lachen scheuchte er uns davon und wir waren froh, daß er sich nicht verletzt hatte, denn so ganz unschuldig fühlten wir uns auch nicht. Jule war aber nicht der Mann, der grobe Späße überbewertete.

Die nächsten Tage zeigten sich in ihrer ganzen Härte.

Fünfzehnter Dezember

Gesegelt wurde mit Sturmgarnitur, es standen Vorstengestag, Sturmfock, drei Untermarsen, Besanstag und Unterbesan, alle prall vom Wind gefüllt.

Als früh morgens meine Wache begann, schien nach langer Zeit endlich wieder einmal die Sonne. Am Himmel waren kaum Wolken zu sehen, nur vereinzelte Zirro-Kumulus, Eiswolken also, standen hoch in der Atmosphäre. Der Wind briste mit Stärke fünf bis sieben, leicht wegdrehend auf West-Nord-West, der Seegang hatte etwas nachgelassen.

Wir machten sehr flotte Fahrt über Backbordhals und Steuerbordschot und der Wachoffizier konnte mit dem Ergebnis seiner durchlaufenen Distanz mehr als zufrieden sein. Aber warum wurden die Obermarsen nicht wieder gesetzt wie in den Tagen vorher? Die Gelegenheit, mehr Tuch zu setzen, war günstig und der Sturm war doch vorbei. Jedenfalls war das meine feste Meinung, wenn man mich danach gefragt hätte.

Nachdem meine allmorgendliche Arbeit unter Deck erledigt war, ging ich auf das Hochdeck zu den übrigen Wachgängern, die dort auf Warteposition standen.

Meine Stimmung war nicht gut, obgleich ich diesen Tag mit einer gewissen inneren Freude begonnen hatte, denn ich hatte heute Geburtstag. Ich hatte mir eingebildet, gleich nach dem Aufstehen würden viele Leute zu mir kommen, um zu gratulieren, stattdessen ließ sich keine Maus sehen. Doch vielleicht war das jetzt auf dem Hochdeck anders, denn schließlich mußte es meiner Nasenspitze anzusehen sein, daß ich heute meinen Festtag hatte. Aber auch hier weder ein Glückwunsch, noch sonst eine wohltuende Geste und als dann auch die üblichen dummen Witze ausblieben, beschlich mich ein Gefühl herber Enttäuschung. Vielleicht war mir bei dem Durcheinander der letzten Tage ein Fehler unterlaufen und wir hatten überhaupt noch nicht den 15ten? Um mich zu überzeugen, sah ich durchs Bullauge in den Kartenraum, wo an der Rückwand gleich neben der Schiffsuhr ein hölzerner Steckkalender hing. Eine große, weiß leuchtende Fünfzehn schaffte Klarheit. Ich hatte heute Geburtstag und somit gehörte dieser Tag auch mir, selbst wenn weder die Steuerleute noch meine Kumpel daran gedacht hatten änderte das nichts. Trotzig ging ich an meinen Platz zurück. Merde!

Da, plötzlich sprang der Wind um, mit einem Schlag wieder auf West. »Schnell an die Brassen und vierkant die Riggen! Noch schneller muß das gehen, wir haben keine Zeit zu verlieren!« Jule trieb uns mächtig an und rannte immer voreweg. Aber vorzüglich und exakt war die Leistung der Wache, der ein wichtiges Manöver in kürzester Zeit gelang. Gordings, Geitaue und was sonst noch an Tampen von den Nagelbänken gerissen waren und an Deck herumlagen, befanden sich gerade wieder an ihrem Platz, als der Sturm uns urplötzlich mit einer enormen Heftigkeit anfiel.

Und ich Einfaltspinsel hatte geglaubt, es sei vorbei.

Von achteraus kamen sie an, riesige Wellenberge von einem Ausmaß, wie sie noch keiner von uns gesehen hatte. Die ersten beiden Ungetüme überliefen uns regelrecht, stürzten zwischen Kreuz- und Besanmast auf das Schiff und füllten in wenigen Sekunden das Versaufloch bis zur Reling. Das geschah so überraschend, daß wir wie erstarrt nach achtern blickten, wo sich aus der niedrigen Kimm weitere Riesenwellen auf uns zuwälzten. Immer mehr Wasser kam über! Was war das nur – warum lagen wir plötzlich wie ein Brett im Wasser und was war mit dem Heck? Es kam nicht wieder hoch, wie festgesogen blieb das

Achterschiff liegen! Mein Gott, sackten wir über den Achtersteven ab, sackten wir denn wirklich ab?

Durchdringende Pfeifensignale schreckten uns auf, dazu laute Kommandorufe »stand by«! Immer wieder durchliefen grelle Triller-Signale und »Besatzung in die Nähe der Boote, stand by lifeboats« Decks und Unterkünfte.

Stand es wirklich so schlimm, daß wir bei der See in die Boote mußten? War das nicht aussichtslos und wer hatte den Mut, in diesen kochenden Hexenkessel zu gehen?

Das Versaufloch blieb weiter gefüllt, da Wasserpforten und Speigatten die Masse nicht los wurden.

Das Schiff wurde schwerer, seine Bewegungen träger. Eine neue große Welle schob sich auf uns zu – oh Schreck, das schaffen wir nicht mehr. Dieses Gebirge aus graugrünem Wasser und tosender, vom Wind zerfetzter Gischt stieg unmittelbar hinter dem Schiff steil in die Höhe, verharrte hier einige Sekunden wie erstarrt, fiel dann mit einem seltsamen Rauschen in sich zusammen und hob dabei unser Heck weit in die Luft. Es befreite aber mit dieser wilden Bewegung das Achterschiff von der zu großen Wasserlast und gab uns so die verlorengegangene Stabilität zurück.

Gleichzeitig schleuderte der Wellenberg uns alle, die wir uns in diesem Moment nicht eingekeilt hatten, gegen irgendwelche Aufbauten. Benommen fand ich mich an einer Windhuize wieder ohne gleich zu verstehen, was geschehen war. Aber soviel begriff ich sofort: wir segelten noch.

Wieder einmal hatte Petrus seinen Daumen dazwischen gehalten. Ruder und Rudergestänge waren in Ordnung geblieben, auch die Rudergänger standen, ordnungsmäßig an der Gräting gesichert. Sie hatten mit einiger Mühe ein Durchdrehen des großen Doppelrads verhindern und die gute »Magdalene« so einigermaßen auf Kurs halten können. Kapitän und Steuerleute waren ebenfalls auf Posten und als gute Seeleute darauf vorbereitet, weitere Überraschungen abzuwehren. Ich war beruhigt, es war noch einmal gut gegangen.

Dieses blöde Versaufloch, eine treffendere Bezeichnung konnte es wirklich nicht geben, war leer. Beide Lenzpforten funktionierten und an der strapazierten Luke vier war nichts zerstört.

Es gab keinen Zweifel, der riesige Wellenberg war trotz seiner gefährlichen Kraft zum Helfer im rechten Augenblick geworden, ein gutes Geburtstagsgeschenk.

Kaum eine halbe Wache später, ich hatte mich gerade von den vorhergehenden Ereignissen etwas erholt, ließ mich ein lauter Knall zusammenschrecken. Es klang wie ein überlauter Peitschenschlag oder wie der scharfe Blitz eines Sommergewitters.

Was war geschehen? Die Untermars, eines unserer stärksten und größten Segel, war mit einem Schlag vom Sturm zerrissen worden. Die einzelnen Bahnen schlugen wild zerrend am Lik, bis sie sich lösten und davonsegelten. Eigentlich ein toller, aufregender Anblick, wenn sich nicht gleichzeitig damit eine Gefahr für die übrigen Segel angekündigt hätte.

Ein verteufelter Tag war das heute! Innerhalb weniger Stunden zerfetzte uns der Orkan, als etwas anderes konnten diese steifen Böen nicht bezeichnet werden, mehrere Segel. Alle rissen und flatterten dann wie Fahnenlappen in die Gischt der aufgewühlten See. Die peitschenden Geräusche reißender Segel machten uns nervös, denn was da auf die Reise ging, war schließlich unsere allerbeste Garnitur. Welche elementaren Kräfte überfielen unser Schiff? Unsere Lage war, da wir nahezu vor Topp und Takel segelten, in den letzten Stunden nicht besser geworden. Auch unser Alter schien nun doch ernsthaft besorgt zu sein, er wich nicht von seinem Platz in Kompaßnähe.

War es überhaupt möglich, unter diesen Umständen Kurs zu halten und ein Anluven zu verhindern? Genügten die wenigen noch stehenden Segel und hielt die Ruderanlage und das nach achtern führende Gestänge die Dauerbeanspruchung aus?

Der zweite Steuermann meldete dem Kapitän nach Beobachtungen der Logge eine Fahrt durch das Wasser mit guten 15 Meilen und wie groß mochte da die Fahrt über den Grund bei diesen starken Strömungsschub sein.

Unsere Navigation war Gott sei Dank exakt. Den ganzen Tag war es klares Wetter gewesen, so daß uns die Sonne die Mittagsbreite lieferte und ein Stern in der Dunkelheit für die Länge sorgte. Mit dieser tadellosen Ortsbestimmung fiel es dem Kapitän nicht schwer, den Kurs für den nächsten Tag festzulegen.

Unser Zweiter, von dem ich bisher noch nicht viel erzählt habe, betrieb die Navigation als sein Hobby. Er war als guter Nautiker bekannt und hat es uns jungen Leuten oft bewiesen, wenn wir Fragen über unser zukünftiges Fach hatten.

Bei all dem Durcheinander der letzten Tage und den denkbar ungünstigen Wetterverhältnissen war der 2. Offizier immer bemüht, genaueste Standortbestimmungen zu machen. Zwar stand an vielen Tagen nur ein gekoppeltes Resultat zur Verfügung, aber es freute ihn um so mehr, wenn das gelegentlich geschossene Besteck keine nennenswerten Abweichungen ergab. Wir standen etwa auf 46° Süd Breite und 70° östlicher Länge, also zwischen den Inselgruppen der Kerguelen und Neu-Amsterdam und durchliefen ein fast unvorstellbares Etmal mit einigermaßen sicher gesteuerten Kursen, die wir in erster Linie unseren letzten Segeln zu verdanken hatten.

Immer wieder sprangen Brecher mit sehr viel Wasser über die Reling ins Versaufloch, so daß die Ladeluke überspült wurde, aber immer floß die Wassermasse frei ab und eine kritische Situation gab es nicht wieder.

Auf den Nagelbänken im Versaufloch war das laufende Gut der Kreuzbram und der Royal aufgeschossen respektive belegt. Trotz vorgenommener Sicherungen waren die Tampen in Lee von der See heruntergespült und zum Teil aus den Lenzpforten herausgewaschen worden. Es war abzusehen, wann das Tauwerk zerzaust und damit unbrauchbar würde, wenn man nicht sofort mit der Bergung begann. Eine unklare Takelage konnten wir uns bei dem augenblicklichen Zustand überhaupt nicht leisten. Also, rein in diesen verdammten Keller und die Tampen wieder binnenbords geholt. Aber das war leichter gesagt als getan. Und wer sollte da runter und die gefährliche Arbeit machen? Freiwillige?

Nun, dieser Begriff war auf den Segelschiffen eigentlich nicht so bekannt. Wir waren viel zu sehr aufeinander angewiesen und bei dringend notwendigen Arbeiten wurde die Frage nie gestellt. Jeder ging wie es sich ergab, viele Worte wurden nicht gemacht.

Jule nahm die zufällig in seiner Nähe stehenden Seeleute und teilte sie entsprechend ein. Er selbst, zwei Janmaaten und ich gingen runter. Als Sicherung bekam jeder eine Wurfleine um Brust und Oberschenkel geschlungen, die immer zwei Mann vom Hochdeck aus straff kurzhielten. Das wirre Durcheinander aufgequollener, steifer Tampen machte uns zu schaffen, denn teilweise waren Buchten herausgewaschen worden, die sich in den Pfortenklappen verklemmt hatten und nun eisern festsaßen. Bei jeder See, die über Deck sprang, suchten wir Schutz an der Nagelbank und hielten uns dort mit aller Kraft fest, um nicht weggewaschen zu werden.

Rasmus zog und zerrte an den Beinen, als wollte er sein Opfer. Als er einen großen Schwall eiskalten Wassers an Deck setzte und mir die Luft knapp wurde, war ein Janmaat rechtzeitig zur Stelle.

Erschöpft und naß bis auf die Knochen nahmen uns die Kameraden wieder auf, und hätte Jule mit seiner nie nachlassenden Energie nicht den schwereren Part übernommen, wir wären sicher nicht so gut davongekommen.

Jule war eben ein Segelschiffsmann der alten Schule und darüberhinaus ein Steuermann, der besonders bei schlechtem Wetter riskante Unternehmungen selbst in die Hand nahm. Mit seiner reichen Erfahrung gab er nicht nur ein Beispiel, sondern auch Sicherheit und Selbstvertrauen.

Die Nacht brach herein, das Wetter wollte nicht besser werden, und mit unveränderter Stärke heulte und pfiff der Sturm durch die Takelage. Besonders heftige Böen machten uns klar, daß wir mit einem Ende des schweren Wetters so bald nicht rechnen konnten.

Unser Koch, der sich bemühte die Besatzung mit warmer Verpflegung zu versorgen, gab nach einigen Versuchen wieder auf. Stattdessen wurden Hartbrot, corned beef und australischer Schafskäse ausgegeben, die noch aus den Restbeständen des Vorjahres stammten und nur mit einiger Überwindung genießbar waren. Angeblich ließ ein knapper Verpflegungsetat eine Aufbesserung der Qualität nicht zu.

Aber warum mußten die ausgegebenen Lebensmittel unbedingt älter als ein Jahr sein und während dieser Zeit schon zwei- oder dreimal tropische Zonen durchfahren haben. Bei einer Rationserhöhung wäre die Margarine bestimmt weniger ranzig und die Maden im Hartbrot weniger zahlreich gewesen. Auf diese naheliegende Möglichkeit ist von den Verantwortlichen allerdings niemand gekommen.

Inzwischen war das »stand by« aufgehoben worden, aber beide Wachen mußten weiter an Deck bleiben. Die jeweilige Freiwache verzog sich in eine geschützte Ecke des Oberdecks und versuchte dort, eine Mütze voll Schlaf zu finden. Wenn wir jetzt in der Nacht, und das wäre ganz normal gewesen, neue Segel für die zerrissene Garnitur hätten anschlagen müssen, ich glaube, es wäre nicht zu schaffen gewesen.

Total erschöpft und überstrapaziert erwarteten wir den Morgen des nächsten Tages, immer noch irgendwo eingeklemmt in der Nähe des Großmastes. Zufällig kam der Alte vorbei und gratulierte mir. Er hatte also doch von meinem Geburtstag gewußt.

Als es hell wurde, wir standen frierend und hungrig auf dem Hochdeck, erwischte eine überkommende See auf dem Vordeck einen Matrosen, der die Abdeckungen der Luken eins und zwei kontrollierte. Noch bevor unser Mann sich an den gespannten Strecktauen festhalten oder in die Sicherungsleinen springen konnte, riß Rasmus ihm die Beine weg und schleuderte ihn gegen einen festgelaschten Reserve-Davit. Dort blieb er wie leblos liegen.

Ein Augenblick echter Gefahr, denn die See würde ihn unweigerlich über Bord waschen, wenn wir ihn nicht sichern konnten, bevor der nächste Brecher über die Reling donnerte. In wilden Sätzen stürmten wir nach vorn, erreichten ihn rechtzeitig und konnten mit eisernem Willen verhindern, daß Rasmus über uns triumphierte.

Als wir mit unserem Maaten das Hochdeck wieder betraten, wartete der Kapitän auf uns und ließ sich über den Vorfall berichten. Unser Kumpel machte nicht viel Theater, irgendwelche Verletzungen waren nicht zu erkennen und nachdem der Alte ihm auf den Schreck einen doppelstöckigen Schnaps verpaßt hatte, stand er bald wieder fest auf den Beinen. Wir waren heilfroh über den guten Ausgang dieses aufregenden Unfalls und ein Schnaps wäre auch uns sehr willkommen gewesen, doch unser Alter schien unsere spaßigen Bemerkungen nicht zu verstehen und brachte seine Flasche schnell in Sicherheit. Wenig später ließ er uns ins Kartenhaus kommen und sprach uns seine Anerkennung als wirklich gute Seeleute aus. Na, das war doch auch etwas und dazu noch billiger.

Das Barometer stand unverändert tief im Keller. Es hatte wenig Sinn, wegen der neu anzubringenden Segel auf eine Wetterberuhigung zu warten, von der wir ohnehin nicht wußten, ob und wann sie sich einstellen würde. So wie die Dinge lagen, würde der Kapitän dem Jule noch für diesen Morgen den Auftrag geben und die Leute auch bei dem vorherrschenden Wetter in den Mast schicken. Der augenblickliche labile Zustand wurde unerträglich und mußte unbedingt beendet werden. Nach relativ ruhiger Nacht waren wir überzeugt, das schaffen zu können.

Jule war guter Laune und als er sein fröhliches »törn to« über das Deck rief und seine Anordnungen traf, fand er uns bereit, sofort zu beginnen. Seine gute Laune übertrug sich schnell auf alle Mann und ohne lange zu überlegen, packten wir die Arbeit im gewohnten Rhythmus an, so daß die Übermüdung der vorherigen Tage bald vergessen war.

Für die Riggen hatte Jule, um keinen Fehlschlag zu riskieren die erfahrensten Matrosen genommen, von denen er wußte, daß sie es schaffen würden. Allen war die Schwierigkeit klar und ich war diesmal froh, an Deck bleiben zu können. Der Büdel, unser Segelmacher, sortierte die Stücke vor, die als Ersatz angeschlagen werden konnten und schneller als gedacht, war der zerrissene Rest in der Last und die neuen Segel wieder angenäht.

Beide Wachen legten sich kräftig ins Zeug und da auch der Zimmermann und der Koch glaubten, unbedingt mithelfen zu müssen, kamen wir flott voran. Gordings und Geitaue waren geschoren, die Segel am Jackstag fest, so daß die Schoten mit Hilfe der Capsel vorgeholt werden konnten.

Nach wie vor mußten wir uns vor größeren Brechern sichern und immer noch wurden wir naß dabei, aber der Erfolg war auf unserer Seite.

Jules Konzept war aufgegangen. Die Stabilität des Schiffes verbesserte sich sofort, wir wurden nicht mehr von Wind und See getrieben und geschoben, wir segelten wieder. Die neue Sturmgarnitur war untergeschlagen und steif voll Wind zog sie den Segler durch die aufgewühlte See. Und genau das war es, was der alten Dame so gefiel.

Nachdem alle Segelmanöver so gut geklappt hatten, war ich überzeugt, wir seien hindurch, wir würden jetzt endlich und endgültig die »brüllenden Vierziger« geschafft haben, denn ich hatte von all der Nässe um mich herum die Nase gestrichen voll. Unsere Überraschung war kaum zu beschreiben, als gleich nach dem Deckaufklaren eine »Besanschot an« ausgepfiffen wurde. Donnerwetter, eine großartige Idee und dazu ein richtig schöner Abschluß. Aber wurde das nicht zu viel und nicht auch zu teuer für den Reeder? Wir waren nun mehr als acht Monate unterwegs und während dieser Zeit hatte jeder Mann an Bord schon zwei Glas Schnaps bekommen. Man möge bedenken – zwei Glas, welch eine Menge!

Ich war heilfroh, diese »braven Westwinde« gut überstanden zu haben und wenn ich mich jetzt an den Passat erinnerte, hatte ich gegen warme Sonnentage und ruhige Segeltörns nichts mehr einzuwenden. Das Wetter wurde ständig besser, eine weitere Kursänderung verringerte rasch die Breitenzahl und wir konnten nach und nach mehr Segel setzen.

Bei ausgezeichneter Fahrt strebten wir eilig dem sonnigen und warmen Süd-Australien entgegen.

Weizen vom Spencer Golf

Es war ganz früher Morgen und doch schon strahlender Sonnenschein, als wir in den Spencer Golf einsegelten, vorbei an einer ganzen Anzahl vor Anker liegender Segelschiffe, die vor uns eingetroffen und nun ladebereit auf Rückfracht warteten. Sieben bis acht Segler konnte ich ausmachen, alles Viermastbarken mit Namen, die einen guten Klang in der Segelschiffahrt hatten. Segler, die bekannt geworden waren durch besonders schnelle Reisen, bekannt geworden aber auch durch so manchen ihrer Kapitäne, denen man nachsagte ein »hard case« zu sein, die nicht segelten, sondern wie die Teufel ohne Rücksicht auf das Schiff und seine Besatzung durch die See knüppelten.

Die Schiffe waren aus Stahl gebaut und schon zehn oder zwanzig Jahre vor der Jahrhundertwende von berühmten Bauwerften an ihre ebenso bekannten Auftraggeber abgeliefert worden. Trotz ihres Alters zeigten sie sich einigermaßen in Schuß und noch in der Lage, gute Betriebsergebnisse zu erzielen. In der jährlich stattfindenden Weizenregatta hatten einige dieser jetzt unter finnischer Flagge fahrenden Veteranen deutlich bessere Ergebnisse erzielt als wir.

Ihre wechselvolle Geschichte mit abenteuerlichen, gefahrvollen Kap-Horn-Umseglungen war unter den Tiefwasserfahrern allgemein bekannt und auch bei uns an Bord wurde eifrig über diese letzten alten Square-rigger und ihre Segelberichte debattiert.

Als wir an ihnen vorbeigingen, standen bei uns alle Mann an Deck oder in den Luv-Wanten, denn niemand wollte sich dieses seltene Zusammentreffen mit den Zeugen einer vergangenen Epoche entgehen lassen. Von jedem auf unserem Kurs liegenden

»Kap-Horner« klang uns als Begrüßung ein kräftiges »Three cheers« entgegen, das wir dankbar mit dem Dippen unserer Flagge beantworteten.

Sowohl der Vormast als auch der Großmast waren backgebraßt und als die Peilung stand und ein sanfter Wind das Schiff in eine leichte Fahrt über das Steuer drückte, kam laut das Kommando des Kapitäns: »Laßt fallen Backbord-Anker!«
Jule, seit geraumer Zeit auf Manöver-Station, löste die Sperre, der Stockanker klatschte ins Wasser und mit lautem Getöse rauschte die Ankerkette funkensprühend hinterher. Der Anker grub sich in den sandigen Grund der Bucht ein, das Schiff schwoite in den Wind und lag vor langer Kette genau an dem Platz, den der Kapitän bestimmt hatte.
Gleichzeitig fielen auch die letzten Segel und nachdem die Peilung eingetragen und auch der schwarze Ankerball am Fockstag hing, war meine erste Ausreise auf einem Segelschiff beendet.

Unser Ankerplatz lag tiefer in den Golf hinein als sonst allgemein üblich. Als Hafen für den ersten Ladungsteil war uns über die Signal-Station Port Broughton aufgegeben worden. Dieses kleine Nest lag in einem Winkel des Golfes und besaß keine Anlege- und Abfertigungsmöglichkeit für Seeschiffe, so daß wir auf Reede vor Anker bleiben mußten.
Jule gab bekannt, daß wir an unserem augenblicklichen Ankerplatz sowohl die Ballastladung über Bord werfen als später auch den Weizen übernehmen könnten, ohne das Schiff zu verholen. Weiter teilte er mit, daß in etwa zehn Tagen die ersten Anlieferungen beginnen sollten. Wenn das alles zutraf, konnte es für uns wirklich keine besseren Nachrichten geben.
So kurz nach dem Einlaufen einen so günstigen Dispositionstermin zu bekommen, hat uns überrascht und damit er uns

nicht verloren ging, waren wir bemüht, das Schiff termingerecht ladebereit zu machen.

Also raus mit dem Ballast, lange genug hatten wir ihn mit uns herumgeschleppt und Geld hatte er auch nicht eingebracht. Gewundert hat mich allerdings, daß dieser Dreck einfach über Bord gekippt werden konnte. Nicht nur wir, auch die anderen Segler löschten ihren sicherlich nicht besseren Ballast direkt ins klare Wasser. Diese Bucht mußte so riesengroß und so tief sein, daß die von den Segelschiffen abgeladenen Tonnen keine Rolle spielten. Wie Jule darüber hinaus noch zu berichten wußte, war diese Aktion durch ein Permit des »harbour masters« legalisiert. Gelöscht und auch geladen wurde mit dem eigenen Geschirr, wobei wir die Bedienung der Winden selbst übernahmen, während die Hafenarbeiter, die sich hier Weizenstauer nannten, lediglich für den Stauvorgang bereitstanden.

Mir machte es Spaß, die Ladungsvorrichtungen zu takeln oder an den Motorwinden, die zu unserer zeitgemäßen Ausrüstung gehörten, herumzubasteln und herumzuklarieren. Die Motoren waren auf dieser Reise noch nicht in Betrieb gewesen und nun natürlich schwer in Gang zu bringen, entsprechend lange hat es gedauert, bevor sie den ersten vorsichtigen Schnaufer taten und wenn die vielen Wünsche und die ebenso vielen Verwünschungen nicht mit eingebaut worden wären, hätten sie uns vielleicht nie den Gefallen getan, endlich einmal anzuspringen und auch ein paar Takte länger zu laufen.

Unser Jule wurde leicht nervös, wenn die Dinger wie toll knallten und dann doch nur einen Seufzer taten. Er sah keinen Sinn in solch' modernem Motorenkram, die doch nur blubberten und zischten. Da war ihm der alte Donkey-Kessel schon viel sympathischer.

Unsere Glühkopfmotoren haben aber immer gut funktioniert und bei der wochenlangen Beladung des Schiffes nie versagt. Sie stellten für uns eine wesentliche Arbeitserleichterung dar, die

Sackladung konnte dadurch müheloser und auch schneller umgeschlagen werden.

Wir vorauszusehen, hatten wir mit dem Ballast einigen Ärger. Zum einen waren einige hundert Tonnen, wenn sie per Hand bewegt werden müssen, eine enorme Menge und zum anderen war der Dreck durch die Kapstadt-Ladung so festgepreßt, daß sich die Lagen fast nur mit der Spitzhacke lösen ließen. Schaufel und Hacken, Broken und Stropps und die nötige Muskelkraft gehörten in diesen Tagen zu unserem Arbeitsgerät. Hieve um Hieve ging aus der Luke nach außenbords, bis wir nach acht Tagen Wühlerei alle Luken klar und den Ballast aus dem Schiff hatten.

Piekfein wurden die Laderäume gesäubert und zum Schluß sorgfältig mit Jute, dem sogenannten Rappeltuch, ausgelegt und noch bevor der gestellte Termin heranstand, konnte der Alte dem Agenten die Ladebereitschaft aufgeben. Der Weizen konnte kommen.

Ob der Kapitän als Anerkennung für die gute und für uns auch schwere Arbeit wieder eine Besanschot machen würde, war die Frage, die uns brennend interessierte. Jawohl, das Signal kam und erwartungsvoll baute sich die Crew auf dem Hochdeck auf.

Aber lang und noch länger wurden die Gesichter, als der Alte statt des Köms, Kondensmilch verteilte und nur eine kleine Dose für zwei Mann herausgab.

Das war als Belohnung gedacht und Milch wäre auch viel bekömmlicher als Schnaps, meinte der Alte mit leichtem Schmunzeln. Die Verblüffung der Jantjes war grenzenlos, auf der ganzen Reise habe ich keine dümmeren Gesichter gesehen.

Ganz alte aus Holz gebaute Segelschoner brachten den Weizen. Diese kleinen Schiffe wurden inzwischen leider alle von einem Motor angetrieben, aber zum Teil waren die üblichen Segelvorrichtungen und sogar die alten Segel noch vorhanden.

Wie bei uns in Deutschland, so hatte man auch hier die Schiffe aus Gründen der Wirtschaftlichkeit auf Motorkraft umgerüstet. Bei dem nachträglichen Einbau der Antriebsanlage war jedoch das äußere Bild der Schiffsklasse bis in jede Einzelheit geblieben, sicher nicht nur aus Kostengründen.

Trotz ihrer schwachen Maschinen leisteten sie gute Arbeit und fanden in dieser Region auch Beschäftigung, denn moderne Zubringer mit leistungsfähigen Anlagen waren am Spencer Golf wegen des geringen Umschlagvolumens nicht rentabel. Die alten, ehrwürdigen Holzschiffe hatten noch ihre Daseinsberechtigung und als wären sie sich dessen bewußt, schipperten sie eifrig zwischen Lade- und Löschplatz hin und her. Wen wundert es, wenn das Ladegeschäft einen sehr gemütlichen, fast romantischen Eindruck machte und der Faktor Zeit dabei keine Rolle spielte.

Uns konnte das nur recht sein, denn der weite Anfahrtweg und die relativ kleine Tragfähigkeit der Schoner garantierten eine längere Liegezeit und damit eine ganze Anzahl von Bauernnächten.

Die Beladung unseres Seglers hatte nur teilweise Einfluß auf den allgemeinen Tagesablauf. Einige erfahrene Matrosen übernahmen die Bedienung von Winden und Ladegeschirr, während sich die nachbleibende Crew, entsprechend Jules Dispositionen, mit den dringendsten seemännischen Arbeiten beschäftigte. Für den Ladungsvorgang, wie Tallieren der Säcke oder Hieven der Ladung, reichte meine Ausbildung noch nicht aus. Gerade hier war eine gute Portion Erfahrung notwendig, mit Winden, Ladegeschirr und zu Ladebäumen umfunktionierten Unterrahen umzugehen. Außerdem konnte es mich nicht begeistern, einen lieben langen Tag an dem Ratterding von einer Winde zu stehen und eine endlose Zahl von Säcken aus dem Schoner heraus in unseren Laderaum zu bugsieren. Das war ein anstrengender, stumpfsinniger Job, bei dem aber trotzdem nichts schief gehen durfte.

So war ich dann ganz froh, zu dem Part zu gehören, der die seemännischen Arbeiten verrichtete.

Jule hatte große Dinge vor: Masten und Rahen sollten gestrichen, das Kartenhaus und die Boote anschließend lackiert werden. Alle Segel wurden abgeschlagen und die Spieren sorgfältig von den Resten abgerissener Stopperbändsel befreit, eine Arbeit, die von den Matrosen gern gemacht wurde, sie nannten es »die Takelage rasieren«.

Neben meiner Backschaft ging ich mit in den Mast und schnitt vom Jackstag die alten Bändsel ab, eine Tätigkeit, die einer Erholung gleichkam, denn es war warm, die Sonne schien, ich saß hoch oben und konnte weit über die ruhige Bucht sehen, zudem war ich allein mit meinen Gedanken, etwas Schöneres konnte es nicht geben.

Beeilen brauchte ich mich nicht, denn die Malerei sollte am nächsten Tag beginnen, wenn der Büdel seine abgeschlagenen Segel fortgeschafft hatte, und noch lag das Hochdeck voller Segeltuch.

Eines Tages kam Jule mit der Neuigkeit in den Messeraum, wir könnten für einen längeren Törn an Land gehen. Der Kapitän hatte das mit irgendwelchen Leuten aus dem Ort arrangiert und gleichzeitig für eine Schlafstelle im Gasthof von Port Broughton gesorgt.

Da die »Magdalene« etwa eine knappe halbe Meile von der Küste entfernt lag, die Hafenverwaltung aber kein Personenverkehrsboot hatte und wir den weiten Weg nicht mit dem eigenen Kutter pullen konnten, stellten die Skipper mit ihren Weizenschonern eine Fahrverbindung zwischen Schiff und Küste her, die sogar kostenlos genutzt werden konnte. Es war allerdings bis zur kleinen Holzpier am Hafen sehr viel weiter zu fahren, wir konnten auch nur in Gruppen von jeweils einer Seewache an Land gehen, während der andere Part zur Sicherheit an Bord bleiben mußte. Wer aber trotz dieser Umständlichkeiten an Land wollte, mußte das Wochenende dafür einplanen und dann auch die zwei Tage bleiben, denn eine vorzeitige Rückkehr war wegen der Arbeitsruhe am Sonntag nicht möglich und darum auch die vom Alten eingeplanten Übernachtungen.

Ohne lange zu überlegen, habe ich mich sofort bei Jule in der Landgangsliste eingetragen und es war mir völlig egal, ob der Ort sehenswert war oder nicht. Endlich wieder festen Boden unter den Füßen zu haben und dann noch australischen Sand, das war schon Grund genug, mitzufahren.

Dieses Port Broughton hatte dann auch weder an Sehenswürdigkeiten noch an Abwechslungen etwas zu bieten. Der Ort zählte etwa 300 Einwohner und bildete mit einer kleinen Kirche, einer Kneipe und einigen Handwerksbetrieben den Mittelpunkt. Es gab wenige, aber sehr große Farmen, auf deren Boden der bei uns zur Verladung kommende Weizen angebaut wurde.

Das unmittelbare Verladen vom Feld des Erzeugers und die lange Reisedauer der Segelschiffe waren mit der Grund, daß überhaupt noch Frachten aus dieser Region für Europa zur Verfügung standen und die Windjammer die Zeit zwischen Ernte und Absatzmöglichkeit ohne großen Kostenaufwand überbrückten.

Das oft noch auf dem Halm aufgekaufte Getreide wurde in der Regel unter »red-clause«-Bedingungen gehandelt, nach denen die Ware unmittelbar vom Feld des Farmers abzunehmen und natürlich auch sofort zu bezahlen war. Sofern am Platz kein prompter Schiffsraum zur Verfügung stand, war eine Einlagerung für teures Geld nicht zu umgehen.

In dieser Situation boten die Segelschiffe den idealen Lagerraum vor Ort an. Sie waren ladebereit, standen also sofort zur Disposition und benötigten für den Transport des Weizens nach Europa exakt den sonst notwendigen Einlagerungszeitraum, nämlich etwa zweieinhalb bis drei Monate. Zum Zeitpunkt des Bedarfs, also nach Verbrauch der europäischen Ernte, etwa Monat Mai, waren die Segler am Kanaleingang zur Stelle und das Getreide konnte an dem Platz gelöscht werden, wohin es vorher über die Börse in London verkauft worden war.

Auf diese Weise umging der Kaufmann zusätzliche Lagerkosten, da die Lagerung im Schiff für die entsprechenden Monate durch die vereinbarte Frachtrate abgedeckt war.

Eine Möglichkeit, einen Farmer zu besuchen und seinen Betrieb zu sehen, bestand leider nicht. Busse oder sonstige öffentliche Verkehrsmittel gab es nicht und ein Auto zu mieten überstieg meine Barschaft.

Im »boarding-house« habe ich dann Männer sprechen können, die mit der Weizenernte auf den riesigen Anbaufeldern direkt zu tun hatten. Sie waren fast alle fahrende Landarbeiter, Eingewanderte aller Nationen, die zur Erntezeit von Farm zu Farm zogen, um ihren Job zu machen. Verwegene Abenteurer waren es, doch ohne Arg und immer voller Unruhe, sie lärmten und erzählten tolle Erlebnisse. Gern habe ich ihnen zugehört, denn ihre mitreißenden Erzählungen weckten Erinnerungen an Lederstrumpf, Karl May und Gerstäcker. Es war aber kein Wildwest amerikanischen Stils, den sie darboten, trotz aller mit großen Gebärden vorgetragenen Geschichten.

Ich hatte Männer vor mir, denen es schwer wurde, im »Neuen Land« zu bestehen, die hart zu arbeiten hatten, die aber keine haltlosen Raufbolde oder gar Außenseiter in der »neuen Welt« waren.

Wenn die Saisonarbeit getan war, zogen sie als Tramps in Scharen in die großen Städte der Ostküste dieses Kontinents in der Hoffnung, dort einen gesicherten Lebensunterhalt zu finden. Klappte es nicht, Fuß zu fassen, kamen sie auf dem Umweg über die Schafzuchtgebiete zur nächsten Ernte zum Golf zurück.

Im Gegensatz dazu stand die Geschichte eines ehemaligen deutschen Seemannes, dem es nach harter Arbeit relativ schnell gelang, selbständig zu werden. Er hatte sich einen der bereits beschriebenen Schoner gekauft, betätigte sich für die Saison als Weizenschipper und brachte uns im Pendelverkehr das Getreide. Mit seinem schwimmenden Untersatz bot sich auch einmal die Gelegenheit an Land zu fahren, es war ein schönes Schiff.

Die Tanzveranstaltung, zu der wir eingeladen waren und die den Höhepunkt unseres Landgangs darstellen sollte, begann erst in den frühen Abendstunden.

Was konnten wir nur bis dahin anfangen?

In diesem kleinen Kaff gab es keine Möglichkeit, überschüssige Zeit totzuschlagen. Wir gingen schließlich mit »all hands« an den Strand, um mit einem ausgedehnten Spaziergang unsere steifgewordenen Seebeine wieder an die normale Fortbewegungsart zu gewöhnen, und der Vorschlag, ein Fußballtraining zu veranstalten, scheiterte zu unserem Bedauern an dem dafür notwendigen Ball, der weder für Geld noch für gute Worte irgendwo aufzutreiben war.

In einiger Entfernung voraus, schon auf festem Sand, bewegten sich in erstaunlich schnellem Tempo eine ganze Anzahl Schildkröten. Kleine, große und auch ganz große Tiere waren offenbar bestrebt, ins Wasser zu kommen, bevor wir mit ihnen zusammentrafen.

Warum sie ihre Gelege so fluchtartig verließen und eilig die schützende See, ihr ureigenstes Element, aufsuchten, war nicht zu ergründen und ich hatte nie geglaubt, daß die schwerfällig wirkenden gepanzerten Urweltbewohner so beweglich waren.

Wir versperrten ihnen den Weg und versuchten, mit ihnen zu spielen, fanden jedoch für unsere Wettrennen und dergleichen Kindereien wenig Gegenliebe. Ganz im Gegenteil, sie bissen kräftig zu, wenn wir ihnen zu nahe kamen und so schlichen wir uns von hinten heran und drehten die Kröten blitzschnell auf den Schild, dadurch waren sie hilflos, blieben aber ohne Schaden.

Während eines Flautentages auf See hatte ich schon einmal eine Riesenschildkröte ganz in Bordwandnähe vorbeipaddeln sehen, aber leider keine Möglichkeit gehabt, sie zu fangen. Hier bot sich nun eine gute Gelegenheit, die Tiere genauer zu betrachten. Nach einigen Minuten halfen wir ihnen wieder auf die Beine, damit sie zusammen mit ihren Artgenossen das Wasser erreichen und zusammenbleiben konnten.

Auf den Tanzabend freuten wir uns sehr, die Familie des Hafenkapitäns hatte ihn arrangiert und viele Leute dazu eingeladen. Ich glaube, die Bewohner dieses Ortes hatten nicht oft Gelegenheit, ein Fest zu feiern. Kamen dann die Segelschiffsleute der ihnen bekannten Kapitäne an Land, ließen sie sich die Freude nicht nehmen, eine kleine Tanzerei zu veranstalten. Wir fanden das sehr nett und je näher der Abend kam, desto mehr stieg unser Stimmungsbarometer.

Als die Bewohner der näheren und auch weiteren Umgebung nach und nach eintrafen, gab es viel zu sehen. Die Leute kamen in alten Kostümen, wie sie die Vorfahren damals als Siedler getragen hatten und nur wenige in moderner Straßenkleidung. Seit Generationen waren sie im südlichen Australien ansässig und sehr traditionsgebunden, sie legten Wert auf die Erhaltung von Sitten und Gebräuchen aus der Zeit der zwangsweisen Einwanderungen. Nicht nur Kutschen und Pferdegeschirre, auch der Schnitt der Kleidung erinnerte an diese Zeit.

Es war ein herrlicher Spaß, dieses Leben und Treiben zu sehen, und als immer mehr Männer angeritten kamen, die ihre Tiere einfach draußen an die Querbalken banden, hatte ich das Gefühl, als ob die Zeitgeschichte zurückgedreht worden war. Etwas verwirrt und doch angetan von dem ganzen »Drum und Dran« ließ ich meinen Gedanken freien Lauf und es hätte mich nicht gewundert, wenn das dargebotene Bild mit den Häusern, Pferden, Kutschen und nicht zuletzt den Cowboy-Farmern keine Realität, sondern ein Traum von Karl May gewesen wäre.

Der Abend verlief im alten englischen Stil und besser als wir erwartet hatten. Der Überlieferung entsprechend wurden nur wenige moderne Tänze getanzt. Die »Oldtimer« mit ihren unterschiedlichen Formationen hatten Vorrang und ich damit meine Schwierigkeit, nicht dauernd mit fremden Füßen und anderen Tänzern zusammenzustoßen.

Zwei volle Wochen landeten die Schoner den Weizen schon an und in den Laderäumen befanden sich bereits etliche Tonnen, in prall gefüllten Säcken ordentlich aufgereiht und sauber gestaut. Eine sorgfältige Arbeit bei der Beladung des Schiffes verbesserte die Stabilität und erlaubte ein sicheres Segeln bei grobem Wetter. Darum warf der Kapitän immer wieder einen prüfenden Blick in den Laderaum. Er wollte sich davon überzeugen, daß nicht nachlässig gearbeitet wurde, aber die Weizenstauer verstanden ihr Fach und es gab keine Beanstandungen.

Unsere Liegezeit in Port Broughton ging ihrem Ende entgegen. Für die weitere Beladung mußten wir nach Port Pirie verholen, einem Städtchen, das ebenfalls in der Golfregion lag. Es gab dorthin keine Schlepperunterstützung, so daß die Schiffe die Ladepier ansegeln mußten, was nicht immer problemlos klappte.

Dabei hatte eine bekannte ehemalige deutsche, jetzt unter finnischer Flagge fahrende Viermastbark Pech, als sie beim Ansegeln unter allen Marssegeln unsere Holzpier schrammte und eine

Ecke mitnahm. Eine im letzten Augenblick einsetzende leichte Böe muß den finnischen Kapitän überrascht haben, denn es wurden weder die Schoten losgeworfen noch der Anker rechtzeitig gelöst. Wenn der junge Finne uns einen Beweis seines Könnens liefern wollte, so erwies er sich selbst und seiner Crew damit einen schlechten Dienst. Unser Alter ging wortlos unter Deck.

Die relativ große, hoch herausragende Holzjetty blieb trotz der Ramming soweit intakt, daß die Liegeplätze für beide Schiffe voll genutzt und die Beladung sofort beginnen konnte. Ein Gleisanschluß und eine Loren-Feldbahn waren für die Golfregion eine fortschrittliche Anlage, die es möglich machte, Pritschenloren durch eine Schmalspurlok bis an das Schiff heranzuschieben und die vollen Säcke über eine Rutsche in schnellem Tempo in den Laderaum zu befördern. Auf diese Art wurde eine erhebliche Umschlagsteigerung erreicht, von der auch wir profitierten.

In wenigen Tagen würden wir den Kontinent wieder verlassen und Europa ansteuern können.

Mir hatte dieses »vor Anker liegen« auf der Höhe von Port Broughton gut gefallen. Ich mochte diese Landschaft ausgesprochen gern und auch die Bewohner des verträumten kleinen Ortes waren angenehme, friedliche Leute. Ihre Gewohnheiten, ihr Alltag, ihre Square dances und ihre Oldtimer hinterließen nachhaltige Eindrücke.

Aber auch andere kleine Erlebnisse haben sich mir eingeprägt. So war, meiner Meinung nach, die riesige Bucht des Spencer Golf Heimatrevier und vielleicht auch Zufluchtsort für viele Tiere unterschiedlichster Arten, sowohl für Land- und Seevögel als auch für die Bewohner des Meeres.

Bemerkenswert war der Fischreichtum der Bucht und wohl nirgends sonst auf der Welt konnte der Angelsport und auch der Netzfang so erfolgreich betrieben werden. Überaus seltene und auch seltsame Arten gingen in wahrer Fülle an die Angel bzw.

ins Netz. Für eine biologische Bestimmung dieser Tiere reichten unsere Kenntnisse aber nicht aus.

Neben einer Unmenge von Snappern, die gut schmeckten und unseren Küchenplan bereicherten, schwammen Seeschildkröten, Hammerhaie und mehrere Rochenarten in der Nähe des Schiffes herum und besonders die angriffslustigen und auch für den Menschen gefährlichen, riesigen Zitterrochen haben uns so manche Beute wieder abgejagt.

Durch einen Zufall gelang es mir, einige Tiefseefische an Bord zu bekommen. Zusammen mit dem Zimmermann hatte ich ein Flachnetz gebaut. Dafür wurde ein steifer Stahldraht zu einem Ring von ungefähr einem Meter Durchmesser zusammengeschlossen und dann, so gut es eben ging, mit einem selbstgebastelten Netz bespannt. Der Apparat sah recht stabil aus und schien mir für meine Zwecke bestens geeignet zu sein. Als Lockspeise nahm ich Brotreste, die mit kleinen Drahtschlingen am Netz festgemacht wurden, damit sie nicht aufschwimmen konnten. Das Ganze hievte ich vorsichtig über Bord, ließ es bis auf den Grund absacken und war überrascht, wenn ich wegen der Wassertiefe bis zu 12 Meter Leine stecken mußte.

Nicht immer hatte ich Erfolg, aber die Hoffnung, einmal ein besonders großes Schalentier zu fangen, reizte mich und mehrmals täglich holte ich das Gestell hoch, um zu sehen, was raufgekrochen war. Krebse, eine Art Dwarsläufer, und Seespinnen konnten der Lockspeise fast nie widerstehen und wanderten dafür ins kochende Wasser, das mir der Koch gegen Fangbeteiligung bereithielt.

Eines Tages lagen zu meiner Freude drei seltsame Tiere im Netz und beim näheren Hinsehen entpuppten sie sich tatsächlich als Kiemenatmer. Der Fischkörper bestand aus einem stark verhärteten starren Panzer von braun-grauer Tönung und nur Flossen und Kopf waren beweglich, wobei diese Teile noch von einer Art

Schuppenmanschette besonders geschützt wurden. An beiden Seiten des Maules war ein beweglicher Tastfühler zu erkennen, während die oben liegenden Augen starr in die Gegend blickten. Sie hatten etwa die Größe eines kleinen Handtellers und ich hielt sie für Überbleibsel einer fernen Entwicklungszeit.

Natürlich hatten sich alle Mann eingefunden, um die Tiere zu bestaunen, aber was ich da gefangen hatte, wußte keiner zu sagen. Auch der Kapitän konnte mir nicht helfen, solche seltsamen Meeresbewohner hatte er ebenfalls noch nicht gesehen.

Ich habe sie in eine Zinkwanne mit Seewasser gesetzt, aber am nächsten Morgen war die Enttäuschung groß. Die Fische schwammen nicht mehr aufrecht, sondern lagen alle flach auf der Seite und paddelten etwas mühsam an der Oberfläche herum als sei ihr Gleichgewicht gestört. Waren sie vielleicht durch die Nahrungsverweigerung geschwächt oder war der fehlende Wasserdruck die Ursache für diese Panne? Als Tiefseefische brauchten sie bestimmt einen Mindestdruck, um aufrecht schwimmen und leben zu können und so haben wir überlegt, was wir machen könnten. Der Segelmacher hatte eine gute Idee, er kam mit Segelgarn und einer Anzahl kleiner Schraubenmuttern, die wir unseren neuen Freunden mit dem Gewicht nach unten an den Bauch banden, um fehlenden Druck durch vorhandenes Gewicht zu ersetzen und unsere Rechnung ging tatsächlich auf, die Stabilität war wieder hergestellt. Ausgerüstet mit einer solchen Schwerpunktverlagerung schwammen bald alle drei wieder lustig umher.

Leider war das keine Dauerlösung, denn immer wieder kippten sie um, trotzdem wir das Gewicht vergrößerten. Eines Tages waren sie tot, was wir sehr bedauerten.

Homeward bound

Irgend etwas schien bei unserem Agenten falsch gelaufen zu sein. Nur wenige Tage nach Beginn der Ladungsübernahme in Port Pirie überraschte er uns mit der Mitteilung, das Schiff müsse noch einmal nach Port Broughton gehen, um dort die allerletzten 500 Tonnen zu übernehmen.

Die Aussicht auf ein abermaliges Verholmanöver konnte uns nicht sonderlich begeistern, da Vorhaben dieser Art nicht während, sondern fast immer außerhalb der regulären Arbeitszeit durchgeführt wurden.

Auf vielen Segelschiffen war es aus Angst vor Zeitverlusten üblich, den Schluß des Arbeitstages für Segel- und Verhol-Manöver abzuwarten, wenn man nicht sogar die Nachtstunden dafür nahm.

Wenn wir auch über diese Gepflogenheiten schimpften, so ließen wir uns doch nicht die gute Laune verderben, denn die notwendigen Vorbereitungen für die Heimreise waren abgeschlossen und die ausgedehnte Liegezeit hatten wir gut genutzt, da spielte ein nächtliches Manöver nun auch keine Rolle mehr.

Sämtliche Garnituren unserer Segelstells waren gründlich durchgesehen und repariert worden. Masten und Rahen strahlten in frischer Farbe und sowohl das Kartenhaus als auch die beiden Rettungsboote glänzten im neuen Lack.

Alles sah wie neu aus, als hätte die Werft gerade angeliefert. Ebenso war die Ruderanlage gründlich überholt und alle Einzelteile gesäubert und gefettet worden. Sorgfältig hatten wir Jules Dispositionen erledigt und uns bemüht, nichts zu übersehen. Am

Schluß befand sich die »MAGDALENE« in so gutem Zustand, daß wir der Materialbeanspruchung durch die nächsten Schlechtwetterzonen mit einiger Gelassenheit entgegensehen konnten.

Das Ende der Beladungsperiode war in greifbare Nähe gerückt und flott und gekonnt gingen uns die täglichen Pflichten von der Hand, alle waren froh und unbeschwert und das alles nur, weil die Heimreise unmittelbar bevorstand. Homeward bound! Ein Segler, der in südlichen Regionen neue Ladung mit Bestimmung Europa gefaßt hatte, galt als ein »Homeward bounder«.

Mehr als neun Monate dauerte diese Reise jetzt und weitere drei oder vielleicht sogar vier Monate würden noch hinzukommen, bevor wir in der Bucht von Falmouth vor Anker gehen konnten. Ein langer Törn lag noch vor uns.

Die wenigen hundert Resttonnen verschwanden schnell im Laderaum und bald wurde der letzte kleine Schoner mit großem »Sing-Sang« entlassen. An diesem letzten Ladetag ging der Kapitän bereits zu früher Stunde an Land und erledigte den notwendigen Bürokram. Bei seiner Rückkehr sollte er, und etwas anderes ließ Jules Ehrgeiz nicht zu, sein Schiff klar zum Auslaufen finden.

Entsprechend turbulent war der Betrieb während der späten Stunden. Gleich nach dem Ablegen des letzten kleinen Zubringers war auch die Wasser- und Proviantversorgung beendet worden. Ob wohl wieder Schafskäse dabei war? Sogar die vielen Pakete und kleinen Kisten, alles Dinge für die Schlappskiste des Kapitäns, befanden sich bereits an Bord. Dieser Part lag allerdings noch unsortiert auf dem Hochdeck herum, denn beim Kapitänsgut durfte keiner der Besatzung es wagen, auch nur die Spitze seiner Nase in eins der Packstücke zu stecken.

Es waren zwar keine Geheimnisse darin verborgen, aber sie enthielten doch Dinge, die als persönliche Ausrüstungsgegenstände immer benötigt wurden und darum auch sofort unser

Interesse fanden. Doch der Alte war recht pingelig und ließ von der Crew keinen an die Sachen heran, nur zum Stewart schien er ein gewisses Vertrauen zu haben, der dann auch den Kram ohne unsere Unterstützung nach unten schleppen durfte.

Natürlich hatte der Kapitän gegen einen Kauf zur festgesetzten Zeit nichts einzuwenden, aber diese neugierige Herumschnüffelei konnte er partout nicht ausstehen.

Auf See öffnete er dann seinen Laden und verkaufte aus seinem Schapp ganz nach Wunsch und Bedarf jedes einzelnen. Wir zahlten bargeldlos und da der Alte nicht mit sich handeln ließ, stand der Preis fest, für den wir einen Bon zu unterschreiben hatten. Am Ende der Reise wurde mit der Heuer verrechnet.

Zigaretten und Tabak, Seife und Zahnpasta, Arbeitshosen und sogar einige Sorten Marmeladen gingen über seinen Tisch. Das waren alles Sachen, für die Hein Seemann im Hafen kein Geld ausgeben wollte oder auch nicht konnte, weil er keines mehr hatte. Da bei diesem Handel ein kleiner Gewinn blieb, machte der Alte das Geschäft gern.

Spät am Abend kam ein kleines Dampfboot längsseit und brachte unseren Kapitän zurück. Wir hatten Glück, denn erst für den nächsten Morgen wurde »Anker auf« befohlen, eine letzte, schöne Bauernnacht lag noch vor uns.

Es war fünf Uhr morgens, als Jule ein fröhliches »Törn to« in die Messe rief. Bereits eine Stunde vorher polterte die Ankerwache durch die einzelnen Unterkünfte und purrte mit lautem »Reise, reise, reiseee! Get up boys, all hands get up!«

Damit begann ein neuer Abschnitt und endlich war es soweit. Angespornt durch das Ereignis des unmittelbar bevorstehenden Auslaufens stürmten alle Mann an Deck, verteilten sich auf die zugewiesenen Positionen und waren in wenigen Minuten bereit, die gegebenen Manöverkommandos auszuführen. Wir hatten den gestrafften Dienstbetrieb also doch nicht verlernt, er war in diesen faulen Wochen nur ein wenig in Vergessenheit geraten.

Einige wenige Mann gingen zum Setzen der Segel in die Toppen, während ein größerer Teil auf die Back trabte, um mit dem Gangspill und den großen Spaken den Anker aufzunehmen. Segelmacher und Zimmermann hielten sich bereit und selbst die Mannen aus der Kombüse hatten Tampen in der Hand.

Unsere Flagge stand vorgehißt an der kleinen Gaffel, der »blaue Peter«, bereits in der Dunkelheit von der Ankerwache gesetzt, flatterte im Morgenwind, während das Fallreep längst binnenbords in den Halterungen lag.

Alle Vorbereitungen waren somit abgeschlossen und als Jule mit seiner Crew die Ankerkette gehievt hatte, ertönte aus dem Megaphon die Stimme des Kapitäns: »Hiev up Backbord-Anker!« Kräftig stemmten sich die Jantjes in die Spaken, drehten zügig das Spill und Faden für Faden der gesteckten Kette kam durch die Klüse binnenbords und verschwand im Kettenkasten. Hell klapperten die Spillpallen ihre Begleitmusik zum alten Anker-Shanty, gesungen aus rauhen, kräftigen Seemannskehlen:

> Call all hands to man the capstan,
> See our cable run down clear,
> Heave away, and with e will boys,
> For old England we will steer;
> And we'll sing in joy-full chorus
> In the watches of the night,
> And we'll sight the shores of England
> When the grey dawn brings the light.
>
> Rolling home, rolling home,
> Rolling home across the sea;
> Rolling home to dear old England,
> Rolling home dear land to thee.

Schnell wurden die ersten Segel gesetzt und immer wieder übertönte die Kommandostimme des Kapitäns den allgemeinen Lärm und den freudigen Trubel.

Es wurde gebrasst, gehievt und gefiert, Lose gegeben und durchgeholt, wie wir es gewohnt waren, alles mit einer Affenfahrt!

Als Jule meldete: »Kette auf und nieder!«, der Anker also aus dem Grund herausbrach, nahm die »Magdalene« Fahrt auf. Homeward bound!

Vorbei an den wenigen noch im Golf liegenden Seglern, vorbei an South Neptune Island, vorbei an den tückischen Rocks, hinaus in die freie See!

Homeward bound, mit dem Auftrag »Falmouth for order«.

Der Spökenkieker

Auf der Höhe von St. Helena gerieten wir in eine Flaute, die der Besatzung hohe nervliche Belastungen abverlangte. Eine Flaute, mit einer fast unvorstellbaren bleiernen Stille über viele Tage hinweg, wie ich sie bisher noch nicht erlebt hatte.

Es war schon der vierte Tag, viermal 24 Stunden lagen wir an der gleichen Stelle.

Alle gesetzten Segel hingen schlaff und lustlos an der Rah und das Schiff dümpelte träge in der langgezogenen Dünung, bei jedem kleinen Überholen klatschte das durchgefeuchtete Tuch an Stage und Pardunen und scheuerte sich Löcher und Risse.

Seit Tagen hingen alle drei Untersegel lose aufgegeit unter den Rahen, um größeren Schaden zu vermeiden.

In der Takelage knarrten Fallen und Tauwerk, vereinzelte Blöcke schlugen immer wieder laut tönend gegen die Masten, als wollten sie uns auffordern, den unerträglichen Zustand zu beenden.

Während meiner Wachzeit lief ich öfter an die Reling, beobachtete genau die Wasseroberfläche und hoffte, vielleicht doch etwas Bewegung zu entdecken.

Jedesmal wurde ich enttäuscht, träge schwappte die See an die Bordwand. Kein Wind, kein Lüftchen, keine Fahrt, das Schiff stand. Auch die Strömungsversetzung schien nicht nennenswert zu sein. Als ich am Ruder stand, hörte ich den zweiten Offizier sagen, daß unser tägliches Mittagsbesteck gegenüber den Vortagen nahezu unverändert geblieben war.

Die Hitze war groß, die Feuchtigkeit extrem, die Luft diesig und schmierig zugleich, die gesamte Besatzung wurde von Tag zu Tag gereizter und nervöser.

Diese Flaute, übrigens die erste auf dieser Heimreise, machte unsere berechtigten Hoffnungen auf einen guten Platz in der Weizenregatta dieser Saison völlig zunichte. Die gut gesegelten Distanzen der vorhergegangenen Tage und Wochen zählten nicht mehr, da der Zeitverlust von so vielen Tagen einfach nicht mehr aufzuholen war.

So wie die Dinge lagen, würde die Reisedauer erheblich länger als normal werden und keine Londoner Zeitung es für notwendig halten, uns in ihren Schiffahrtsnachrichten zu erwähnen. Wenn aber doch, dann nur, um unsere Einlaufposition mit einer freundlich ironischen Kritik abzutun.

Dieses Wissen um unsere schlechte Zeit ärgerte uns maßlos und drückte erheblich auf die allgemeine Stimmung. Es mußte darum dringend etwas geschehen, aber was? Wer sollte und vor allem, wer konnte die augenblickliche Flaute beenden? Wieviel Tage sollten noch vergehen, bis die Kimm wieder klar zu erkennen war und der drückende Dunst von einer frischen Brise hinweggefegt wurde?

Jule kannte diese Ecke, er hatte gelegentlich davon erzählt und er wußte aus eigener Erfahrung, daß Windstillen in diesem Gebiet sehr hartnäckig sein können. Aber ändern konnte er selbstverständlich auch nichts daran.

Mittlerweile lagen wir schon sechs Tage auf gleicher Breite und unserem Ziel »Falmouth for order« kamen wir auch nicht um einen Deut näher.

Auch Jule wurde immer mißmutiger und seine schlechte Laune war nicht zu übersehen. Mit eingezogenen Schultern schlich er unruhig überall auf dem Schiff herum und stets brummelte er unverständliches Zeug vor sich hin. Oft lief er, tief in Gedanken, auf dem Deck auf und ab und nahm sein Gegenüber kaum noch wahr.

Immer wieder fiel uns auf, daß er nachts während seiner Freiwache, völlig gegen seine sonstigen Gewohnheiten, lange Zeit bei Licht in seiner Kammer herumkramte.

Was machte er nur noch zu dieser späten Stunde anstatt sich schlafenzulegen?

Jule hatte seine Kammer an der Steuerbordseite Vorkante Hochdeck. Es war der erste Raum in diesem Trakt mit zwei Bullaugen zum Vorschiff und einem nach außenbords. An der Stirnwand des Hochdecks stand einer der Wassertanks, der etwas unterhalb der beiden Bullaugen und des darüber hinwegführenden Niedergangs, angeschweißt war. Man konnte also ohne Schwierigkeiten über den Niedergang auf den Wassertank kommen und von dort aus in die Kammer hineinsehen. Aber auf den Gedanken war bisher noch nie jemand gekommen.

Jetzt in dieser kritischen Situation lagen die Dinge allerdings anders. Einmal machte uns Jules verändertes Verhalten neugierig, dann kamen die seelischen Belastungen der tagelangen Flaute, die mehr als ungewöhnlichen Verhältnisse und die feucht brodelnde Schwüle hinzu, die Anlaß für viele kleine Ungereimtheiten waren, die normalerweise nicht vorkamen.

Wer von uns den plötzlichen Einfall hatte, weiß ich nicht zu sagen, jedenfalls lagen wir mit drei Mann auf dem Tank und starrten gebannt in die Kammer.

Jule saß am Tisch, er war nur mit einer Turnhose bekleidet und auf dem Tisch stand eine brennende Kerze, ein Kartenspiel lag vor ihm ausgebreitet. Ohne Zweifel, er legte sich die Karten.

Darin war an sich nichts Ungewöhnliches zu sehen, auch wenn wir von seinen Künsten bisher nichts gewußt hatten. Unerklärlich und unverständlich blieben uns Jules ständigen Selbstgespräche. Hatten die vielleicht etwas zu bedeuten?

Nachdem er mehrere Versuche unternommen hatte, ging die Patience schließlich auf und obgleich er mit dem Ergebnis zufrieden schien, stand er doch plötzlich auf, wechselte seinen Platz auf die Gegenseite des Tisches und begann, die Karten neu zu mischen und zu legen.

Bei diesem Versuch schien das Spiel sofort aufzugehen, doch sein fortwährendes seltsames Gebrabbel und sein unvermuteter Platzwechsel paßten nicht zu einem normalen Spielverlauf. Irgend etwas stimmte da nicht.

Bestand vielleicht doch ein Zusammenhang zwischen seinen Kartenkünsten und unserer augenblicklichen Situation? Versuchte der alte Spökenkieker mit seinen Heimlichkeiten etwas für guten Wind zu tun?

Sollte unsere Vermutung zutreffen, dann durften wir uns unter keinen Umständen den weiteren Verlauf der Dinge entgehen lassen.

Vorsichtig zogen wir uns von dem Tank zurück, als Jule Vorbereitungen traf, seine Kammer zu verlassen. Aber alles ging so schnell, daß wir nicht wußten, wo er geblieben war. Vielleicht am Kreuzmast oder auch in der Nähe des Besans? Trotz eifriger Suche fanden wir ihn nicht, so ein Pech, er war uns tatsächlich in der Dunkelheit entwischt. Oder sollte er uns auf dem Tank bemerkt und mit einer kleinen List in die Irre geführt haben? Zuzutrauen war es ihm!

Nach kurzem Palaver beschlossen wir, nicht so schnell aufzugeben. Vielleicht hatten wir am nächsten Tag mehr Glück und wenn die Prozedur inzwischen beendet war, wir also zu spät gekommen waren, dann hatten wir eben Pech gehabt.

Am darauffolgenden Abend verbargen wir uns bei Beginn der Dunkelheit in der Nähe des Besans. Die beiden dort in den

Davits stehenden Rettungsboote und der im Augenblick nicht mehr benutzte Hühnerstall boten ausreichenden Schutz vor unliebsamen Entdeckungen.

Eine lange, lange Zeit haben wir gewartet. Voller Ungeduld wollten wir schon unser Vorhaben aufgeben und die Poop verlassen. Was aber würde geschehen, wenn wir gerade beim Verlassen des Verstecks entweder vom Wachoffizier oder sogar von Jule selbst entdeckt wurden? Wir hätten dann nicht mit faulen Ausreden kommen können, sondern Farbe bekennen müssen und möglicherweise wäre eine Riesenblamage daraus geworden.

Aber noch war alles offen und sollten wir uns eine solche Chance, etwas Ungewöhnliches zu erleben, entgehen lassen, die uns mit Sicherheit nicht noch einmal geboten würde? Also blieben wir wo wir waren! Warten, wieder dieses endlose Warten. Halt! Da war doch etwas, ein kurzes Klappen.

Im Schatten der Aufbauten schlich eine Gestalt auf leisen Sohlen in Richtung Poop, die sich langsam dem Besan näherte. Es war tatsächlich Jule, wir hatten uns nicht geirrt. Man konnte ihn an seinen typischen Bewegungen gut erkennen und deutlich sehen, daß er ein kleines Paket unter dem linken Arm hielt.

Zielstrebig und ohne auch nur einen Augenblick zu zögern, machte er sich am Besan-Mast zu schaffen, ging fortwährend um ihn herum, mal im Uhrzeigersinn, mal entgegengesetzt, und immer an der gleichen Stelle, etwa in der Mittschiffslinie, verharrte er einen Augenblick, kratzte mit der rechten Hand am Mast, brabbelte dabei einige Worte und setzte anschließend seinen Rundgang fort.

Ich saß am flach gebauten Hühnerstall in unmittelbarer Nähe und konnte trotz größter Aufmerksamkeit nichts von seinem Gemurmel verstehen. Und als er nach einer Weile das mitgebrachte Päckchen öffnete, kamen Schuhe zum Vorschein, wie es schien, neue Herrenschuhe.

Schuhe, wozu um Himmels willen neue Schuhe und was wollte er damit? Das konnte nicht sein, wir mußten uns gründlich getäuscht haben.

Aber ein Irrtum war ausgeschlossen, deutlich konnten wir sie in der mondhellen Nacht erkennen. Jule nahm diese Schuhe, ließ die Verpackung achtlos fallen und machte sich auf, von der Poop über die Laufbrücke zum Hochdeck zu gehen. Ohne sich umzusehen trat er an die Reling des Schanzkleides an der Backbordseite und warf die Schuhe in hohem Bogen in die See. Seine Worte »vor goden Wind« waren gut zu verstehen und bevor wir das richtig begriffen, war Jule vom Hochdeck verschwunden. Fassungslos sahen wir den Schuhen nach, die noch ein wenig auf dem Wasser schwammen, bevor sie untergingen. Wortlos verließen wir das Poopdeck und schlichen nachdenklich in unsere Kammern.

Beim Wachwechsel am nächsten Morgen lief der Kapitän schlecht gelaunt und grimmig auf alles an Deck auf und ab, als Jule freudestrahlend seine Wache übernahm.

Selbstbewußt steuerte er auf seinen Kapitän zu und meldete ihm laut und gut verständlich für alle Umstehenden: »Noch hüt' kummt gode Bris vun de Backbordsied.« Der Kapitän sah erstaunt hoch und wir konnten seinem Gesicht ansehen, was er dachte: »War sein Erster nicht in Ordnung? Hatte er als Schiffsführer nicht genug Probleme in diesen Tagen? Oder versuchte er etwa, und der Verdacht drängte sich blitzschnell auf, ihn auf den Arm zu nehmen?«

Abrupt und mit unwilligem Gesicht drehte er sich um, ließ Jule einfach stehen und verschwand im Kartenhaus. Donnerwetter, der Alte war mächtig in Brass! Jule schien das alles nicht zu stören und guter Dinge ging er seine Wache.

Seine Meldung an den Kapitän lief als sensationelle Neuigkeit mit Windeseile durch das ganze Schiff. Doch niemand glaubte daran, woher sollte auch der Wind kommen bei der unveränderten Wetterlage, jeder konnte sehen, daß keine Aussicht bestand. Ein Spökenkieker war er, der Jule, was denn sonst?

Nur wir drei, die wir sein fast überzeugendes Besanabenteuer miterlebt hatten, wir waren uns, ehrlich gesagt, nicht so absolut sicher. Uns war, als hätte ein Hauch des Geheimnisvollen auch von uns Besitz ergriffen.

Als es dann an der Zeit war, die Mittagsbreite zu nehmen, als Kapitän und Steuerleute sich mit ihren Sextanten auf dem Hochdeck einfanden, füllten sich ganz behutsam und zunächst nur für einen kurzen Augenblick, einige wenige Segel. Dann mit etwas Verzögerung, so nach und nach, beinahe zart und vorsichtig als wären Masten und Rahen aus zerbrechlichem Glas, fiel ein leichter, stetig werdender Wind in die Segel ein.

Gute zwei Stunden darauf briste es bei klarer Sicht mit Windstärke drei. Das Schiff machte gute Fahrt mit Backbord-Hals und Steuerbordschot ganz so, wie Jule es seinem Kapitän vorhergesagt hatte.

Der 1. Offizier, unser Jule, war wieder auf Wache. In der Nähe des Rudergängers, an der Luv-Seite, sah man ihn stehen. Allein, niemand sonst war bei ihm.

Falmouth

Wir segelten mit nördlichen Kursen, der Äquator war bereits wieder überschritten und die Breite der Kapverdischen Inseln passiert. Wenn die nächsten Tage segeltechnisch weiter gut verlaufen würden und wir damit den augenblicklichen Kurs in etwa halten konnten, hoffte der zweite Steuermann, östlich der Azoren-Gruppe freizukommen.

Nach Verlassen unserer unglücklichen Position bei St. Helena waren keine ungewöhnlichen Ereignisse mehr eingetreten. Der Wind schlief zwar seitdem nicht wieder völlig ein, aber eine lebhaftere Brise wäre uns sehr willkommen gewesen.

Die Mallungen machten uns auf dieser Heimreise nicht sonderlich zu schaffen und da der Kapitän die oberen Segel auch bei zunehmender Brise länger als sonst üblich stehen ließ, stärkte das unseren Optimismus, an eine Verbesserung unserer Race-Position zu glauben. Täglich versorgte uns der 2. Offizier mit den neuesten Standortdaten und manchmal waren es nur mit der Logge gekoppelte Zwischenergebnisse, die uns aber für die Lageeinschätzungen ausreichten.

Die Azoren wurden planmäßig erreicht und die »MAGDALENE« strebte mit frischen südwestlichen Winden dem Kanaleingang entgegen. Längst hatten wir die oberen Segel nacheinander festmachen müssen, während der Rest, alle Marsen, zwei der drei Untersegel und einige Stagsegel mit uns auf und davon gingen.

Auf meiner Freiwache, die ich leider verschlief, passierten wir an Backbordseite eine Insel der Azoren-Gruppe. Unsere gute, flotte

Fahrt beendete nicht nur die bisherigen lebhaften Diskussionen um unsere Reisedauer, sondern sie unterstützte unsere Hoffnung, für Falmouth wieder einigermaßen in der Zeit zu liegen. Wir waren mit unseren durchsegelten Etmalen so beschäftigt, daß wir nicht einmal das dringende Problem unseres Trinkwassermangels und die damit verbundene strenge Rationierung als besorgniserregend empfanden, ganz im Gegensatz zur Meinung des Zweiten, der mit dem kleinen Rest noch bis Falmouth kommen mußte.

Als der Wind dann wider Erwarten über Nord schralte und uns schließlich aus östlichen Richtungen steif entgegenkam, blieb die große Enttäuschung nicht aus. In mühevollen Schlägen kreuzten wir gegenan, ohne dabei nennenswert voranzukommen. Zu allem Übel mußte dann auch noch ein Teil der Segel eingepackt werden und als der Alte vorübergehend sogar das Schiff beigedreht treiben ließ, sanken unsere Hoffnungen endgültig.

Mit viel Mühe arbeiteten wir uns voran und hatten gerade bei ständigem Witterungswechsel und umlaufenden Winden die Länge der Scilly Islands passiert, als die Brise innerhalb kurzer Zeit einschlief. Es war wie verhext.

Was würde der Kapitän tun, würde er in dieser Lage so kurz vor dem Ziel Zuflucht zur Motorhilfe nehmen und sich leiten lassen von dem angenehmen Gefühl eines unbeschwerten Einlaufens, gedrängt von dem nicht gerade günstigen Reiseverlauf und dem fast leeren Trinkwassertank? Gab es nicht doch etwas, was ihn trotz aller Widrigkeiten bewog, an einen günstigen Wind zu glauben? Widerstrebte es nicht dem Vollblutseemann, sich nach einem solch herrlichen Segeljahr, zu allerletzt doch noch maschinelle Unterstützung geben zu lassen, weil nur noch wenige Meilen zurückzulegen waren? Er war wieder einmal allein mit seiner Verantwortung.

Verärgert über die Pechsträhne dieser Heimreise, kam eine Unterhaltung innerhalb der Crew kaum noch zustande, doch wie elektrisiert schreckten wir auf, als Jules schrille Signalpfeife die Wache überraschend zum schnellen Manöver rief: »An die Brassen, ihr Leute, die Brise kehrt zurück!«

Beide Wachen rannten über die Decks, auch der Koch und der Zimmermann, auch der Büdel und schließlich sogar noch der Steward. »All hands and the cook« war nicht befohlen worden und doch waren sie alle dabei, fühlten sich aufgefordert, freiwillig zuzupacken.

Jule kannte diesen Zustand, mit leichtem Grinsen sagte er dem Rudersmann: »Se könnt de Tied nich töben, se rükt dat Land!«

Wer auch immer von den Göttern der Meere zuständig sein mochte für den guten Wind, dieser letzte freiwillige Einsatz der Besatzung mußte ihm gefallen haben, denn eine freundliche Brise ließ die »MAGDALENE« ohne jede weitere Verzögerung einsegeln.

Nach einhundertsechzehn Seetagen und mit 30 Zentimeter leicht rostigem Trinkwasser im Tank fiel der Anker in den Grund.

Eine Agenturdepesche beorderte uns nach nur zwei Tagen Ankerliegezeit nach London, wo unser Weizen über die Börse einen Käufer gefunden hatte.

Dieser schnelle Welthafen mit seinen großen Docks und den ausgedehnten Umschlaganlagen hat mir sehr imponiert und doch nahmen die Löscharbeiten an unserem Schiff eine volle Woche in Anspruch und das ist eine relativ lange Zeit. Für die Besatzung waren es jedoch schöne Tage der Entspannung, die jeder auf seine Weise nutzte. Neben den obligatorischen Sehenswürdigkeiten hatte es mir besonders der Stadtteil Whitechapel und hier wiederum der Pub von Charly Brown angetan. Überall in der weiten Welt hörte man von dieser legendären Gestalt, von seinen Abenteuern auf englischen Seglern und seiner sprichwörtlichen Hilfsbereitschaft gegenüber jungen Segelschiffsmatrosen. Für einen kurzen Augenblick habe ich mit »the old man« sprechen können, wobei er immer wieder von seinem Freund »Charly« aus Hamburg berichtete. Gemeint war die ebenfalls legendäre Segelschiffsfigur des Bootsmanns Charly Müller, der unter allen Flaggen die Meere befuhr. Whitechapel wird für mich eine wertvolle Erinnerung bleiben.

Kaum hatten die riesigen Rüsselsauger das letzte Weizenkorn aus dem Laderaum abgesogen, da stand auch schon ein bulliger Schlepper pünktlich zum Stauwasser für uns bereit. Dieser Kraftprotz bugsierte uns gekonnt aus dem »Albert-Doc« in die Themse und brachte uns dann in rauschender Fahrt nach Antwerpen, dem Ausgangspunkt meiner zweiten Reise auf dem Schiff. Damit waren wir, ab Dublin gerechnet, 13 Monate unterwegs gewesen.

Neue Ladung stand nicht sofort zur Verfügung, doch einer Charter entsprechend sollte in etwa drei Wochen eine Gesamtpartie Stückgut übernommen werden. Diese Wartezeit kam uns durchaus gelegen, denn fast jeder Seemann sah eine günstige Gelegenheit, lang gehegte und auf See immer wieder besprochene Urlaubspläne zu verwirklichen, so auch der Kapitän. Am nächsten Tag strebte eine ganze Anzahl Urlauber zusammen mit den abgemusterten Seeleuten eilig dem Bahnhof zu.

Jule und einige Mannen, zu denen auch ich gehörte, bildeten ein wenig traurig den zurückbleibenden Rest der Besatzung. Damit wurde es merklich stiller in den Decks und ohne rechtes Leben lag der Viermaster mit eingepackten Segeln im blakigen Wasser eines verlassen wirkenden Hafenbeckens.

Doch drei Wochen sind keine Ewigkeit, eines Tages würde die Crew wieder vollzählig sein und, wie ich hörte, sogar erheblich verstärkt werden. Dann würde die Bark wieder freies, klares Wasser erreichen und mit ihren ausgebreiteten weißen Schwingen in schneller Fahrt die See durchpflügen, weiteren unbekannten Häfen entgegen.

Überraschenderweise wurden alle Termine eingehalten. Neue Leute, befahrene Matrosen und vier Schiffsjungen, kamen an Bord und eines Tages wurde mit zwei Schleppern verholt und sofort mit der Ladungsübernahme begonnen.

Nach einer Liegezeit von insgesamt vier Wochen ließ sich die »Magdalene« zu früher Stunde von einem Schlepper die Schelde abwärts tauen. Tief bis zur Lademarke im Wasser, bis zum Rand vollgepackt mit wertvollem Stückgut und ausgerüstet für eine längere Reise, verließ sie Europa, um Kurs auf einen argentinischen Hafen zu nehmen.

Natürlich hat mich die Aussicht nach Süd-Amerika zu kommen begeistert. Gerade nach den Erlebnissen der Australienfahrt bot sich in der La-Plata-Region eine völlig andere Perspektive, die viel Interessantes versprach.

Außerdem war ich Leichtmatrose geworden und die neu gemusterten Schiffsjungen hatten meinen Job übernommen. Damit war ich die ungeliebte Backschaft endgültig los und konnte unbeschwert meine seemännische Ausbildung fortsetzen. Die erworbenen Kenntnisse und Erfahrungen sicherten mir künftig einen etwas besseren Platz in der bestehenden Rang- oder auch Hackordnung.

Ich freute mich auf die neue Reise und sah der Zukunft mit großen Erwartungen entgegen.

Worterklärungen

Abgesang	Temperamentvolle Verabschiedung bei Beendigung des Dienstverhältnisses
All hands	Segelmanöver unter Beteiligung aller Besatzungsmitglieder
Ankerspill	Mechanische Vorrichtung auf der Back zum Aufnehmen des Ankers
Ausleger	Winkeleisenkonstruktion zur Stabilisierung des oberen Mastes in Höhe der Saling
Azimut	Begriff aus der Navigation
Back	Der vordere und erhöhte Teil des Schiffes, aber auch ein Tisch wird so bezeichnet
Backen und Banken	Aufforderung zum Essenfassen
Bändsel	Band aus Sisal zum Festbinden und Verschnüren
Backbrassen	Segelstellung so verändern, daß der Wind von vorn einfällt
Bauernnacht	Nachtruhe, die nicht vom »Wachegehenmüssen« unterbrochen wird

Backschisch	erbetteltes Geldgeschenk
Beidrehen	Den Segler in den Wind legen
Besanschotan	Aufforderung an die Besatzung, einen Schnaps zur Stärkung entgegenzunehmen
Besantopp	Der letzte Mast von vorn gezählt
Binnenbords	Auf dem Schiff innerhalb der Relingseinfassung, das Gegenteil von außenbords
Bilge	Dient zur Aufnahme von Schwitzwasser und verläuft unter dem Laderaumboden an beiden Seiten der Außenhaut
Bootsmannsstuhl	Ein an den Ecken befestigtes, freihängendes Sitzbrett für die Arbeiten im Mast
Brassen	Die Rahstellung der Windrichtung anpassen
Bramrahen	Die 4. und 5. Rah von unten gezählt
Broken und Stropps	Zubehörteile zum Ladegeschirr bei loser Ladung
Bordspinde	Kleine Schränke zur Aufnahme von Ausrüstung für Schiff und Besatzung
Bullauge	Ein rundes Schiffsfenster
Bug	Die vorderste Konstruktion des Schiffes

Butenlanner	Bezeichnung eines Seemannes mit weniger guten Qualitäten
Büdel	Segelmacher
Clipperform	Scharf geschnittene Segler, Ursprung im 19. Jahrhundert in den USA, später auch in Europa. Tee-, Woll- und Opium-Clipper waren die bekanntesten Schnellsegler
Crew	Mannschaft
Davits	Schwenkvorrichtung für Rettungsboote
Dock, eindocken	Schwimm- oder Trockendocks sind Vorrichtungen der Werften, die Schiffe völlig trocken legen. Nur so kann am unteren Rumpf gearbeitet werden
Donkey	Kleiner Dampfkessel oder auch Glühkopfmotor für Winden und Ankerspill
Duckdalben	Eine in den Grund gerammte Gruppe von starken Holzpfählen zum Festmachen von Schiffen, auch zum Schutz für Hafenanlagen
Dwars	Ausdruck für querab zur Schiffsrichtung
Einschiffungsorder	Aufforderung, den Dienst an Bord zu einem bestimmten Zeitpunkt anzutreten

Etmal	Zurückgelegte Distanz innerhalb von 24 Stunden von Mittag zu Mittag
Fallreep	Stabile Treppe mit Geländer, am äußeren Rumpf entlang geführt, für den Personenverkehr zwischen Schiff und Land
Fall	Draht oder Tau zum Hochnehmen oder auch Fieren der Rah
Festmacher	Starke Taue und Drähte, mit denen das Schiff im Hafen festgemacht wird
Fieren	Herablassen, herunterlassen
Flögel	Windrichtungsanzeiger aus Segeltuch an der Mastspitze (kleiner Luftsack)
Flötentörn	Läufer der Wache
Fußpferd	Unter der Rah laufender Draht als Standvorrichtung für die Leute im Mast
Galion, Galiot, Galionsfigur	Äußere Spitze des Schiffsrumpfes, verziert mit geschnitzter Figur (Mensch oder Tier) oder dekorativen Ornamenten
Gangspill	Siehe Ankerspill
Gangway	Holzsteg als Verbindung zwischen Schiff und Land
Geviert	Geometrische Figur mit vier Ecken

Glasen, Glasen-glocke	Uhrzeitangabe durch Glockenschläge, für jede gewesene halbe Stunde 1 Schlag mehr bis max. 8 Schläge für vier Stunden. Also z. B. 8 Glas für 12 Uhr, 16 Uhr usw.
Gording/Geitau	Drähte und Taue, mit denen die Segel an die Rah geholt werden
Greenhorn	Der unerfahrene Neuling
Hals	Beim Rahsegel die Schot an der Luvseite
Heck	Der hintere Konstruktionsteil des Schiffes
Hodga	Bewohner saudiarabischer Küsten, mit ihren Daus waren sie bekannte Segler
Jan Maat/Jantje	Bezeichnung für den Matrosen
Jacobsleiter	Eine bewegliche Tauwerksleiter, die sowohl im Mast als auch bei der Lotsenübernahme Verwendung findet
Jung-Matrose	Erst vor kurzer Zeit zum Matrosen befördert
Kabelgatt	Raum für Ausrüstung unter Deck im Vorschiff
Kalmengürtel	Siehe Mallungen
Kipplore	Offener Transportbehälter mit Kippvorrichtung

Kimm	Meeres-Horizont
Klüvernetz	Sicherungsnetz unter dem Klüverbaum
Klüver	Segel zwischen Klüverbaum und Vormast
Konstabler	Polizist
Koffeinagel	Größerer stabiler Dorn aus Eisen oder Holz zur Aufnahme des Tauwerks auf der Nagelbank
Koje	Schlafstelle (Bett) an Bord
Kombüse	Küche
Kurzstaghieven	Die Ankerkette so weit aufnehmen, daß der Anker das Schiff noch eben hält
Killen	Flattern der nicht voll stehenden Segel
Kral	Runddorf einiger Negerstämme in Afrika
Labsalben	Konservierungsarbeiten in der Takelage mit Holzteer oder einem Gemisch aus Tran und Talg
Ladetons	Gewichtstonne per 1000 kg
Laufendes Gut	Bewegliches Tauwerk zur Bedienung der Segel
Lee	Dem Wind abgekehrte Seite

Leichtmatrose	Damalige Dienstgradbezeichnung
Lik (Liek)	Geteertes Tauwerk zur Verstärkung der Segelränder
Luv	Dem Wind zugekehrte Seite
Logge	Gerät zum Messen der Fahrtgeschwindigkeit durch das Wasser
Mallungen	Eine schmale Zone flauer Winde und Windstillen (Kalmen) in der Nähe des Äquators
Marsplattform	1. Plattform im Mast vom Deck aus gerechnet
Marlspieker	Dorn in unterschiedlichen Größen aus Stahl oder Holz für seemännische Arbeiten (spleißen) am laufenden und stehenden Gut
Manilaleine	Starke Trosse aus Sisal-Hanf, hat die Eigenschaft, auf dem Wasser zu schwimmen, siehe Festmacher
Mennige	Rostschutzfarbe
Moses	Schiffsjunge
Nagelbank	Waagerecht laufende starke Holzbohlen am Fuß der Masten zur Aufnahme des laufenden Gutes

Nock	Das äußere Ende der Rah
Neptun	Ein Gott des Meeres, bekannt mit dem Dreizack, der mit seiner Gemahlin Salicia die Meere beherrschte. Die wilden Rosse seines Wagens peitschten die Wellen in die Höhe und nur Portunus, der Beschützer der Häfen, war in der Lage sie abzuwehren.
Pardunen	Seitliche Halterungen der Masten
Persenning	Schweres, geteertes Segeltuch zum wasserdichten Verschließen z. B. der Ladeluken
Permit	Genehmigung
Peildeck	Navigationsdeck mit Peilkompaß für die Standortbestimmung in Landnähe
Pier	Schiffsanlegestelle, auch Kai und in Bremerhaven auch Kaje genannt
Plünnen	alter niederdeutscher Ausdruck für Segel
Poop	Der hintere erhöhte Teil des Seglers
Poller	Fest montierte Eisenklötze in unterschiedlichen Formen zum Festmachen von Trossen auf Schiffen und Landanlagen
Pönen	Marineausdruck für malen/anstreichen
Purren	Wecken der Freiwache

Pütz Eimer aus Holz oder Eisen

Püttings Sehr schräg laufende Versteifungen von Mars und Saling, die zugleich als Klettermöglichkeit genutzt werden müssen und schwer zu überwinden sind

Quitsche Alte Bezeichnung für junge Seeleute, die nicht an der Küste geboren sind

Rack Bewegliche Befestigung der Rah am Mast, ein Teilstück des Racks nennt man Schwanenhals

Rah (Raa) Quer zum Mast angebrachte Segelstange

Rappeltuch Grobes Jutegewebe

Rasmus An Deck springende grobe See. Ursprung unbekannt

Reederei Eine Gesellschaft, die mit Schiffen im nationalen oder internationalen Warenverkehr tätig ist

Rigg Die Takelage eines Segelschiffes

Royal Die oberste Rah

Ruder Steueranlage des Schiffes

Saling 2. Plattform im Mast vom Deck aus gerechnet

schralen	Drehen des Windes in eine für den Segler ungünstige Richtung
Schauerleute	Hafenarbeiter, die sich speziell mit dem Ladegut beschäftigen
Schiemannsgarn	Ein spezielles, geteertes, feines Tauwerk, das auf den alten Schiffen wegen seines Wertes vom »Schiemann«, dem Bootsmann holländischer Ostasienfahrer, verwaltet wurde.
Schiffsjunge	Dienstgradbezeichnung
Schot	Beim dreieckigen und auch beim Rahsegel die untere Ecke zum Setzen der Segel
schwoien	Vor der Ankerkette durch Wind oder Strömung herumdrehen
Segelschoner	Schiffstyp in Nord- und Ostsee
Sextant	Spiegelinstrument zur Gestirnshöhenmessung
Shanty	Arbeitslied der Segelschiffsleute
Slum-Viertel	Armen-Viertel, besonders in großen Hafenstädten
Speigatt	Öffnung in der Außenhaut zum Abfließen von Regen- und Salzwasser

Spillspaken	Starke Hölzer, mit denen z. B. das Ankerspill in Bewegung gesetzt wird
Stage	Halterung der Masten nach vorn
Stell	Ein Stell Segel – ein voller Satz, von jedem Stück eins
stehendes Gut	Feststehendes Tauwerk zur Befestigung und Sicherung von Masten und Rahen
Stenge	Angesetzte Verlängerung des Untermastes
Strecktaue	Über Deck gezogene Leinen zum Schutz der Mannschaft bei schwerer See
stritschen	Steifsetzen
Süll	Hohe eiserne Schwelle, die das Eindringen von Seewasser verhindert (Luken, Außentüren)
Tampen	Das Ende einer Tauwerkleine oder ein Stück davon
Teertampen	Wie oben, nur geteert
Thetis	Eine griechische Meeresgöttin und Mutter Achills
Toppsgast	Ein seemännischer Spezialist für die Takelage

Toppen	Die Masten – genauer jedoch das obere Ende von Masten oder Stengen
Törn to	Aufforderung zum Arbeitsbeginn
Trimmen	Ausgleichen von Gewicht z. B. bei der Ladung, aber auch stehende Segel werden getrimmt zur Maximalstellung
Trosse	Schleppleine, sonst siehe Festmacher
Triton	Ein Gott des Meeres, halb Mensch halb Delphin
Twistlappen	Putzlappen aus dem Reißwolf
Typhon	akustisches Signalgerät mit Preßluft betrieben
Übersetzen	Ans andere Ufer oder an das im Strom liegende Schiff bringen lassen
Verholen	Das Schiff im Hafen an einen anderen Liegeplatz bringen
Versaufloch	Relativ enger Einschnitt in die obere Deckkonstruktion zwischen Kreuz- und Besanmast
Viermastbark	Viermaster mit drei vollgetakelten und einem Besanmast (der letzte von vorn)
Vollmatrose	Dienstgradbezeichnung

Vollschiff	Dreimaster, alle Masten voll getakelt
Vorobermars	Im Vor- oder Fockmast die dritte Rah von unten
Vorschiff	Das vordere Drittel eines Schiffes
Wanten	Seitliche Mastabstützungen, genutzt als Sprossenleitern (Webleinen) zum Aufentern in den Mast
Wassergraben	Seitliche Begrenzung der Oberdecks für die Aufnahme von abfließendem See- oder Regenwasser
Werftstellagen	Kleine Arbeitsbühne, die bei Arbeiten außenbords Verwendung findet
Windflögel	Siehe Flögel

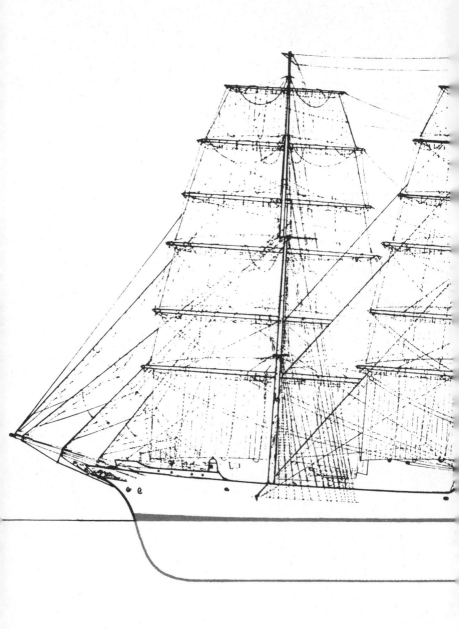